Meditação da Luz

Dados Internacionais de Catalogação na Publicação (CIP)
(Câmara Brasileira do Livro, SP, Brasil)

Boff, Leonardo
    Meditação da Luz : o caminho da simplicidade / Leonardo Boff. – 2. ed. Petrópolis, RJ : Vozes, 2010.

    1ª reimpressão, 2021.

    ISBN 978-85-326-3897-7
    1. Conduta de vida 2. Espiritualidade
3. Filosofia e religião 4. Luz interior 5. Meditação
6. Orações 7. Simplicidade 8. Vida espiritual
I. Título.

09-06604   CDD-234.1

Índices para catálogo sistemático:
1. Reflexões : Simplicidade : Teologia cristã
        234.1

Leonardo Boff

Meditação da Luz
O caminho da simplicidade

© by Animus / Anima Produções Ltda., 2009
Caixa Postal 92.144 – Itaipava
25750-970 Petrópolis, RJ

Direitos de publicação em língua portuguesa:
2009, Editora Vozes Ltda.
Rua Frei Luís, 100
25689-900 Petrópolis, RJ
www.vozes.com.br
Brasil

Todos os direitos reservados. Nenhuma parte desta obra poderá ser reproduzida ou transmitida por qualquer forma e/ou quaisquer meios (eletrônico ou mecânico, incluindo fotocópia e gravação) ou arquivada em qualquer sistema ou banco de dados sem permissão escrita da editora.

CONSELHO EDITORIAL

Diretor
Gilberto Gonçalves Garcia

Editores
Aline dos Santos Carneiro
Edrian Josué Pasini
Marilac Loraine Oleniki
Welder Lancieri Marchini

Conselheiros
Francisco Morás
Ludovico Garmus
Teobaldo Heidemann
Volney J. Berkenbrock

Secretário executivo
Leonardo A.R.T. dos Santos

Editoração: Maria da Conceição B. de Sousa
Diagramação: AG.SR Desenv. Gráfico
Capa: Adriana Miranda

ISBN 978-85-326-3897-7

Editado conforme o novo acordo ortográfico.

Este livro foi composto e impresso pela Editora Vozes Ltda.

Ó Luz Eterna, superior a toda luz criada, lançai
do alto um raio que penetre todo o íntimo
de meu coração. Purificai, alegrai, iluminai e
vivificai a minha alma com todas as potências,
para que a Vós se una em transportes de
alegria.

KEMPIS, T. *Imitação de Cristo*.
41. ed. Petrópolis: Vozes, 2008,
livro III, cap. 34, n. 3.

Sumário

I. O QUE É A VIDA INTERIOR, 9

    1 Questões que nos fazem pensar, 9

        1.1 Superficialidade *versus* interioridade, 9 • 1.2 A espetacularização do religioso, 10 • 1.3 A busca sincera e sofrida de vida interior, 13 • 1.4 O surgimento de uma espiritualidade cósmica, 14

    2 O que é, então, a vida interior?, 15

    3 Vida interior e religião, 17

    4 Vida interior: a dimensão esquecida da humanidade, 20

II. A FONTE ORIGINÁRIA DE ENERGIA E AS ENERGIAS HUMANAS, 23

    1 A Energia Universal do cosmos, 23

    2 Os sete centros de energia no ser humano: os chacras, 31

III. A MENTE ESPIRITUAL, 37

    1 O que é e como funciona o cérebro humano, 37

        1.1 As três dimensões do cérebro, 38 • 1.2 Os dois hemisférios: direito e esquerdo, 40 • 1.3 O corpo caloso: ponte entre os hemisférios, 42 • 1.4 O lobo frontal: a singularidade humana, 42

    2 A mente espiritual, 43

IV. A LUZ: MISTÉRIO E SÍMBOLO, 49

    1 A luz como partícula material e como onda energética, 49

    2 Os biofótons: a luz das células, 54

    3 A luz como arquétipo, 55

V. MEDITAÇÃO DA LUZ NO ORIENTE E NO OCIDENTE, 59

1 A meditação da Luz no Oriente, 59

1.1 Eu estou na luz, 60 • 1.2 A luz está em mim, 60 • 1.3 Eu sou luz, 62

2 A meditação da luz no Ocidente, 63

2.1 A acolhida da Luz Infinita, 64 • 2.2 Abrir a "senda de Deus", 64 • 2.3 Os passos da meditação, 66

VI. MEDITAÇÃO DA "LUZ BEATÍSSIMA", 69

1 Rito preparatório, 70

2 Os dez passos de Meditação da "Luz Beatíssima", 71

3 Como concluir a meditação dos dez passos, 80

4 Outras formas rápidas de meditação no cotidiano, 80

4.1 Ao dirigir-se ao trabalho, 81 • 4.2 Ao parar no semáforo, 81 • 4.3 Na fábrica, no escritório, na cozinha..., 82 • 4.4 Trazer a "Luz Beatíssima": aos micro-organismos, aos olhos, às mãos e aos pés, 82 • 4.5 Fazer fluir a Energia Universal para as partes doentes, 83

VII. EFEITOS SAUDÁVEIS DA MEDITAÇÃO DA "LUZ BEATÍSSIMA", 87

1 Experiência de superação dos dualismos, 87

2 Gratuitamente e a cada um segundo a sua medida, 90

3 A culminação derradeira: a volta à Fonte Originária, 92

Livros de Leonardo Boff, 95

I
O QUE É A VIDA INTERIOR

Antes de abordarmos o tema da vida interior queremos pôr em relevo quatro questões que podem ser empecilhos e também desafios à vida espiritual.

1 Questões que nos fazem pensar

 1.1 *Superficialidade* versus *interioridade*

Em primeiro lugar, o que predomina no mundo de hoje não é a vida interior que demanda profundidade, mas impera a superficialidade; não a interioridade, mas a exterioridade. É um universo cheio de aparatos, perturbado por ruídos e atribulado com ocupações e preocupações. É o rádio, a televisão, o celular, a internet, os entretenimentos esportivos e musicais, os shows de toda ordem, até showmissas. Tudo ganha mais e mais proeminência, velocidade, miniaturalização e a maior comunicação possível.

Normalmente a primeira coisa que as pessoas fazem ao chegar em casa, vindas da rua ou do trabalho, é ligar o som ou a televisão, ouvir as mensagens deixadas no telefone fixo ou entrar na internet, para ler os e-mails, visitar o blog do qual participam e navegar pelos temas que lhes interessam ou que simplesmente as entretêm. Ou ainda se põem a telefonar para os amigos.

Como criar tempo, espaço e condições para encontrar-se consigo mesmo e escutar o que lhe vem de dentro?

Sem pretender generalizar, o efeito final desse modo de viver, que constitui a cultura dominante, é, não raro, um imenso vazio, surgindo medo difuso, Síndrome do Pânico e outros sintomas semelhantes. Uma sensação se sucede à outra, deixando atrás de si a percepção de que, no fundo, nada vale a pena.

Estamos sempre nos ocupando com coisas e sendo ocupados por toda uma indústria que vive da propaganda, do marketing, da indução ao consumo de produtos que, em sua grande maioria, nem precisamos, de pacotes de viagens, de novas experiências, etc. Onde fica a coragem para encontrarmos conosco mesmos? Quando reservamos espaços de tempo para fazermos uma viagem ao nosso próprio coração?

1.2 A espetacularização do religioso

A segunda reflexão concerne à volta e à revitalização de todo tipo de religião, de caminhos espirituais e de esoterismos; seja porque as religiões tradicionais ganham mais adeptos ou se renovam, seja porque há o surgimento de novas igrejas, seitas e novos caminhos espirituais e místicos. Não há místico antigo ou moderno que não seja traduzido ou republicado; circulam-se os mais diversos tipos de proposta esotérica na forma de literatura de autoajuda, com fórmulas ditas infalíveis para fazer alguém feliz, sem muito esforço.

Nesse retorno do religioso e do místico há elementos positivos, pois fez com que as pessoas descobrissem uma dimensão tornada invisível no mundo moderno, sendo portadora de sentido de vida.

Entretanto, muitas dessas experiências foram apropriadas pelo mercado, que de tudo faz negócio e oportunidade de ganho. A religião se transformou em mercadoria. Exploram-se carências humanas, sentimentos de abandono e de fragilidade para se oferecerem remédios imediatos e miraculosos. Organizam-se verdadeiros espetáculos religiosos com famosos pregadores, alguns cantores, todos verdadeiros artistas do entretenimento religioso, através da televisão ou de concentrações que reúnem milhares e milhares de pessoas.

A espetacularização da religião ganhou foros de legitimidade pela figura carismática do Papa João Paulo II. Ele atraía multidões por onde passava. Em sua esteira, segmentos numerosos da Igreja Católica Romana, como os movimentos carismáticos e os novos movimentos laicais de evangelização, criaram programas de rádio, mas especialmente de televisão, nos quais se faz a "aeróbica de Deus" e se usam símbolos poderosos que eletrizam as multidões. Em tal campo, a diferença entre as expressões evangélicas carismáticas e as católicas da mesma natureza são extremamente tênues. Fundamentalmente obedecem à mesma lógica e à mesma encenação midiática.

Tudo isso é o mundo exterior, suscitando os mais variados sentimentos religiosos, mas ainda não constituem a vida interior. Nessa exteriorização toda, onde fica o encontro pessoal com Deus? A percepção de nossa conexão com o Todo Maior? A comunhão com todos os demais seres, nos quais o Espírito também atua? Como nos relacionamos com cuidado e responsabilidade com a Mãe Terra e com seus filhos e filhas mais sofridos? Há escuta do eu profundo?

A busca de uma paz interior e a vivência da espiritualidade prescindem do espetáculo. Mas se nessas ocasiões tivermos vivido uma experiência espiritual, ela permanece depois do espetáculo! Frequentar cultos, participar de shows religiosos, cantar e dançar diante do altar não constitui *ainda* a espiritualidade. Tudo isso não passa de expressão religiosa, construção cultural, diferente da cultura local.

Espiritualidade é a dimensão do profundo humano, aquilo que chamamos de vida interior.

1.3 A busca sincera e sofrida de vida interior

A terceira reflexão se refere ao surgimento – por todas as partes, como fenômeno global – de uma busca sincera e sofrida de vida interior. Pessoas que se encontram para questionar o sentido da vida, para submeter à crítica nosso paradigma cultural consumista, produtor de injustiças sociais e delapidador da natureza; para se perguntarem sobre o destino da humanidade, hoje globalizada; sobre o futuro de nosso planeta, submetido a grandes transformações devido à crise ecológica e climática irrefreável. Como redefinir a família hoje, especialmente por causa da eclipsação da figura do pai? Como rezar, meditar e entrar em comunhão com Deus?

Trocam-se experiências, comentam-se textos espirituais da grande tradição da humanidade ou de modernos, abre-se o coração aos outros para externar angústias e conquistas, formam-se eventualmente pequenas comunidades de eleição e de destino...

Para esses, a espiritualidade e a vida interior são de grande significação. Como efeito surge certo distanciamento do mundo, uma crescente aversão ao consumismo de bens materiais e o cultivo de bens imateriais como o silêncio, a oração, a meditação, a música, a arte... o apoio a alguma iniciativa humanitária ou mesmo a participação na vida de alguma comunidade carente.

1.4 O surgimento de uma espiritualidade cósmica

Os avanços extraordinários das ciências da Terra (Física Quântica, Cosmologia, Biologia Genética, Psicologia Transpessoal...) trouxeram uma nova visão de mundo. Não é mais o mundo fechado e mecânico da Cosmologia vinda de Newton e Galileu Galilei. Mas é uma visão dinâmica que vê todas as coisas emergindo a partir de um imenso processo de evolução, carregado de energias e informações e, principalmente, de propósito. Nós seres humanos surgimos dentro desse processo e temos nosso lugar no conjunto dos seres como aqueles que são portadores de consciência e de responsabilidade por tudo o que nos cerca. As energias que atuam no universo atuam também em nós, estabelecendo uma profunda conexão entre todos os seres e especialmente uma comunhão com aquela Fonte Originária da qual tudo procede, que tudo sustenta e que orienta todo o universo e cada um de nós em nosso percurso por essa Terra. Tal visão de mundo (Cosmologia) propiciou a emergência de uma espiritualidade cósmica, holística (que envolve todos os seres) e profundamente integradora com o todo e com a Fonte Originária de todos os seres. Nasce aqui uma nova experiência de Deus e uma nova consciência de nosso lugar no universo. Mergulhados nessa visão irrompem sentimentos de pertença a um grande todo, de reverência face à majestade e à complexidade do universo e de cada ser, como também de gratidão pelo dom da vida.

Esse é o caminho que queremos desenvolver melhor em nosso método de meditação.

2 O que é, então, a vida interior?

Como sabemos, "interior" é oposição a "exterior". A vida possui uma dimensão exterior; é a nossa corporalidade viva, a nossa presença no mundo, na família, na comunidade e diante das pessoas. A cultura moderna inflacionou a exterioridade através de todos os meios da tecnociência e de comunicação. O mundo das pessoas foi totalmente exteriorizado e devassado.

Mas, voltando ao aspecto interior, podemos dizer que ele é aquilo que não se vê diretamente. Podemos conhecer e até nos fascinar pelo exterior de uma pessoa: sua beleza, sua inteligência, sua habilidade... Muitos se enamoram e casam considerando apenas o aspecto aparente, externo.

15

Para conhecer melhor uma pessoa precisamos considerar o seu interior, o seu caráter, as suas virtudes, o seu modo de ser, a sua visão de mundo, etc. A partir da percepção do interior podemos tomar decisões mais acertadas e proferir palavras mais adequadas e justas.

Interior possui, ainda, um significado de qualidade de vida. Assim, dizemos que a vida no interior (em oposição aos centros urbanos) é mais tranquila, menos estressante, mais integradora com a comunidade e a natureza; no fundo, com mais possibilidade de nos tornar felizes. É que a vida no interior não está sujeita à lógica da cidade com sua parafernália técnica e burocrática, com seu burborinho, seus ruídos e ameaças à segurança pessoal. Melhor do que falar em "qualidade de vida", prefere-se hoje a expressão "bem viver", que supõe a integração de todas as dimensões do ser humano dentro da comunidade, no seu meio, consigo mesmo e com Deus.

Por fim, interior significa a profundidade humana. Então, a vida interior, o profundo emerge quando o ser humano para, quando faz silêncio, quando passa a olhar para dentro de si, quando pensa seriamente, quando coloca-se questões decisivas como: Que sentido tem minha vida? O que estou fazendo aqui? Que significado tem esse universo de coisas, de aparelhos, de trabalhos, de prazeres, de sofrimentos, de lutas e vitórias? Qual é o meu lugar junto aos demais seres? Como assumo a interdependência de tudo com tudo e me relaciono com as energias que estão conformando o universo e a Terra? Quem se esconde atrás das estrelas? O que posso esperar para além desta vida, já que vejo tantos amigos próximos morrerem, às vezes, de forma absurda: no tráfego, por bala perdida, de uma doença voraz? Afinal, por que estou neste planeta, belo e maltratado?

3 Vida interior e religião

Quem oferece respostas para tantas perguntas? Geralmente as religiões sempre se ocuparam destas questões. As filosofias antigas e modernas estão sempre às voltas com tais interrogações existenciais. A sabedoria dos povos se formou tentando elaborar visões e lições a partir desses questionamentos.

Mas voltamos a afirmar: não basta frequentar um culto, aderir a um caminho espiritual e se alimentar de ritos e símbolos se estes não produzem dentro da pessoa uma experiência de sentido, uma comoção nova, uma percepção do todo do qual somos parte e uma mudança vital.

Vida interior não é monopólio das religiões e dos caminhos espirituais; estes vêm depois. Vida interior é uma dimensão do humano, por isso é universal. Dá-se em todos os tempos e em todas as culturas. Bem ou mal, faz-se atuante em cada pessoa humana, mesmo que o seu interior seja embotado ou recoberto das cinzas de um modo de vida absorvido pelo mundo exterior. Mas para cada um chega o momento de questionamento sobre o sentido da vida e do universo, sobre o porquê do sofrimento, sobre a possível esperança de vida para além da vida. Depois da festa mais deslumbrante vem o momento em que estamos a sós, sem máscaras e com nosso travesseiro. Despimo-nos e nos confrontamos com nossos anjos e demônios interiores.

As religiões são codificações culturais dessa experiência humana universal. Mesmo os textos sagrados das Escrituras (judaico-cristãs, islâmicas, védicas e outras) repousam sobre a vida interior de seus profetas, místicos, carismáticos, sacerdotes, santos, pensadores e simples gente do povo. Elas se mantêm vivas e atuantes porque seus fiéis, muito além de frequentarem cultos, cultivam vida interior.

As religiões cumprem sua missão quando suscitam e alimentam a vida interior de seus seguidores, mas elas não a substituem. A grande patologia presente em setores importantes das religiões e das igrejas é a *autofinalização*, ou seja, consideram-se fins em si mesmas, quando são meios e espaços a serviço da vida interior. Quando ocupam seus fiéis com doutrinas, ritos e mandamentos e não criam neles condições para um encontro pessoal com Deus, fazendo a viagem para o seu interior, rumo ao coração, as religiões se desnaturam e se pervertem. Elas podem significar uma grande escravização que se revela pelo fundamentalismo e pelo terrorismo de base religiosa.

Mas a vida interior é sempre o grande remédio contra os desvios das religiões. É a interioridade que alimenta, renova e confere sentido de contemporaneidade às religiões e aos caminhos espirituais. Por isso, a vida interior tem que ir além das religiões e mergulhar na fonte de onde elas surgiram.

Vida interior supõe escutar as vozes surgidas de toda a realidade, do universo sobre nossas cabeças, entendido em sua complexidade e nas ordens que culminam na vida em todas as suas formas. Vida interior resulta da atenção aos movimentos que vêm de dentro. Há um eu profundo, carregado de anseios, sonhos, utopias... e que assome à consciência. Há uma exigência ética que nos convida para o bem; não apenas para o nosso bem, mas também para o bem dos outros.

Questionamo-nos por nossa responsabilidade diante daqueles que nos estão próximos e para com toda pessoa que surge à nossa frente. E hoje, especialmente, qual o cuidado que precisamos cultivar para preservar a vida ameaçada e garantir a vitalidade da Mãe Terra?

Há uma Presença que se impõe e que é maior do que a nossa consciência. Presença que fala daquilo que realmente conta em nossa vida, daquilo que é decisivo e que não pode ser delegado a ninguém. *Deus* é o outro nome para esta experiência. A palavra Deus somente possui sentido real quando nos toca em profundidade, quando for "algo" que atende a nossa busca insaciável e que nos traz uma paz serena, aquela do mar profundo, para além das ondas encapeladas.

Posso dialogar com esta Presença; posso suplicar-lhe; posso chorar diante dela pelos demasiados absurdos existenciais como um tsunami que vitima milhares de pessoas inocentes; posso simplesmente calar e sentir a Presença; posso agradecer-lhe; posso render-me e adorar; posso entregar minha vida e destino a esse Maior; cultivar esse espaço é ter vida interior.

4 Vida interior: a dimensão esquecida da humanidade

A vida interior representa, atualmente, a dimensão esquecida da humanidade. Importa resgatá-la, pois nela se encontra o segredo da felicidade, da responsabilidade diante de toda a vida, do cuidado para com todas as coisas. Ela significa o sagrado em nós, que nos propicia o sentimento de dignidade, de respeito e de reverência.

O efeito mais imediato dessa vida interior é a paz e a serenidade. São forças que permitem enfrentar os problemas cotidianos da vida sem perder a cabeça ou estressar-se demasiadamente. É uma atmosfera de sentido que sustenta as pessoas, mesmo diante de tragédias ou grandes decepções; é aquilo que confere peso e densidade. O cultivo permanente da vida interior produz irradiação sobre as pessoas, um efeito de tranquilidade e de pacificação. As pessoas se sentem bem e encontram repouso junto àquelas que têm vida interior.

Sem essa profundidade interior sucumbimos às ilusões da exterioridade e colhemos frustrações sobre frustrações. Com vida interior, podemos usar de todas as coisas com medida, de forma soberana e não escravizada, sendo agraciados com o maior dom que podemos aspirar: a liberdade interior. Livres, podemos ser criativos, superar amarras familiares e sociais, desfrutar com inocência todas as experiências que nos advêm; temos possibilidade de moldar nossa própria vida e definir o nosso destino. Ser livre é ser plenamente pessoa, nó de relação para com todas as coisas; ser livre é alçar-se ao patamar de Deus, pois nos sentimos seus filhos e filhas, frutos da alegria, e não da necessidade.

Ter vida interior, como é sabido e repetido, é não ter mais solidão, que é um dos maiores inimigos do ser humano, pois lhe desenraíza de sua conexão universal, dando-lhe o sentimento de desamparo e fazendo-o vivenciar o inferno. A vida interior é uma antecipação do céu com todas as suas doçuras.

Há muitos caminhos e métodos para alimentar tal vida interior, e a humanidade é rica deles. Precisamos valorizá-los e, quem puder e quiser, segui-los.

Ouso apresentar um, acessível a todos, adequado aos nossos tempos acelerados e distraídos: a Meditação da Luz Beatíssima: o caminho da simplicidade. Essa luz, vinda do mais profundo do universo ou do coração de Deus, penetra-nos, transfigura-nos, ilumina-nos, aquece-nos e nos produz serenidade, paz e alegria de viver. Ela nos leva a sentir vivendo na "palma da mão de Deus".

II
A FONTE ORIGINÁRIA DE ENERGIA E AS ENERGIAS HUMANAS

Para que a Meditação da Luz seja mais efetiva, corresponda melhor ao dinamismo do universo e da própria vida interior, queremos fornecer alguns dados de realidade, tirados da moderna cosmologia e da sabedoria oriental. Abordaremos dois pontos: um a Fonte Originária de Energia universal e o outro sua manifestação nas energias do ser humano que chamaremos de centros de energia – os chacras – expressão cunhada pela antropologia ancestral dos Vedas da Índia.

1 A Energia Universal do cosmos

Reina hoje um grande consenso na comunidade científica de que nosso universo surgiu há 13,7 bilhões de anos, a partir de um evento altamente caótico: uma incomensurável explosão chamada de *big-bang*. Com ela, a energia originária, a matéria e a informação se espalharam. Assim, surgiu o espaço e o tempo; formaram-se as galáxias, as estrelas, os planetas, todos os demais seres, inclusive a vida e nós, seres humanos. Um dia estávamos todos juntos naquele pontozinho ínfimo, milhares de vezes menor do que a ponta de um alfinete. – *Por isso vigoram permanentes conexões de todos com todos.*

Na medida em que o universo foi se expandindo, foi também se autocriando, autorregulando e auto-organizando em sistemas cada vez mais complexos. Todos são interdependentes e estão ligados às quatro forças que sustentam e continuamente fazem evoluir todas as coisas: gravitacional, eletromagnética, nuclear fraca e nuclear forte.

Quanto mais avança, mais a evolução se envolve em si mesma, deixando surgir ordens cada vez mais complexas e organizadas. Nessa dinâmica cresce a interioridade, base para que haja consciência e propósito, até irromper um ser altamente complexo, que é a vida, aparecida há 3,8 bilhões de anos, e, como "subcapítulo da vida", a vida humana consciente e inteligente.

Os cosmólogos afirmam que originalmente, antes de tudo, havia o assim chamado *Vácuo Quântico*. Talvez o nome não seja o mais adequado, porque ele é um oceano sem margens e insondável, impregnado de energias. Dele tudo sai: os elementos subatômicos com os top quarks, os prótons, os elétrons, os nêutrons e outras centenas deles. O próprio ponto ínfimo que depois explodiu é uma condensação de energia que jorrou do Vácuo Quântico.

Alguns desses seres colapsam, quer dizer, consolidam-se e permanecem; outros voltam para onde vieram. E assim sucessivamente, num dinamismo inimaginável de seres que aparecem e desaparecem.

Como se trata da Energia Universal, muitos preferem chamar, ao invés de Vácuo Quântico, de *Abismo Alimentador de Tudo* ou de *Fonte Originária de Todo o Ser*. Eu prefiro esta última expressão por ser a mais sugestiva e fecunda e porque é um outro nome para Deus.

Essa Energia está sempre aí, atuando permanentemente no universo. Subjaz a cada ser, alimentando-o na existência e fazendo-o coevoluir (junto com os demais seres).

Tal Energia é carregada de propósito, pois organizou todos os elementos de forma tão sutil e equilibrada, em frações milimétricas de segundo, que permitiu que o universo fosse aquilo que hoje é. Por exemplo, se nos primeiros momentos depois da grande explosão a força gravitacional fosse um pouco mais forte, ela atrairia para si todos os elementos e eles explodiriam uns sobre os outros, e assim não haveria a expansão e a criação do universo. Contrariamente, se a gravidade fosse muito fraca, todos os elementos teriam se expandido rapidamente, não teriam se condensado e, assim, não teriam formado as estrelas, os sóis, os planetas, a Terra e nós mesmos – *Não existiríamos*. Mas tudo foi montado com uma proporção tal, que propiciou o fato de nós estarmos aqui pensando sobre todas essas coisas. Se houvesse sido um pouquinho diferente, nós não estaríamos aqui.

Para as religiões, inclusive para o cristianismo, essa Energia Originária é o Espírito Criador. Ele enche o universo, anima todos os seres, está atuando dentro de cada um. Ele é uma força de amor, de comunhão e de união. Por isso, todos os seres estão enraizados no Espírito e em comunhão uns com os outros. Tudo vive dentro de uma teia complexíssima de relações; ninguém vive fora dela. Por esta razão, todos os seres, mesmo os mais diferentes e distantes, somos interdependentes. Somos irmãos e irmãs, pois viemos do mesmo Útero Gerador de tudo.

Hoje sabemos, também, que todos os seres vivos – desde a bactéria mais invisível, passando pelos grandes dinossauros, os cavalos, o beija-flor e chegando ao ser humano – temos o mesmo código biológico de base. Somos feitos com os mesmos tijolinhos que são os 20 aminoácidos e as quatro bases fosfatadas (citosina, adenina, guanina, timina) que permitem as diferentes combinações dos aminoácidos. Isto confirma o que São

Francisco sentia: somos todos irmãos e irmãs, irmãos da árvore, da andorinha, do gato e de todos os demais seres humanos. Formamos a grande cadeia da vida, da qual somos um membro.

Pelo fato de o universo ser pleno de propósito e não caótico, ele se chama *cosmos*, quer dizer, uma realidade "cosmética", bela, sinfônica e irradiante. Como tudo veio de um caos inicial, este caos acompanha a evolução. Mas a Fonte Originária consegue transformar o caos em algo construtivo e generativo. O ser humano participa dessa situação, carregando consigo o caos e o cosmos. Por isso, mostra-se simultaneamente *sapiente* e *demente*. Nele comparecem dimensões luminosas e dimensões sombrias. É seu lado *dia-bólico* que divide e o lado *sim-bólico* que une. Reforçando o lado luminoso, consegue conter a força destrutiva do lado sombrio.

A seta do tempo aponta para cima e para frente, ascendendo na escala da evolução em direção a formas cada vez complexas, mais ordenadas, mais dotadas de consciência, de inteligência e de capacidade de comunicação e de amor.

A Energia Universal que cria e sustenta permanentemente o cosmos está sempre disponível. Ela vem com mais intensidade na medida em que a invocamos, entramos em diálogo com ela. Estabelecendo com tal Energia uma comunhão de amor, sentimo-nos como que carregados por ela.

Embora ela nunca nos falte, é importante invocá-la para que o sentido de nossa vida e o propósito de todas as coisas sejam revelados e potenciados. O efeito da comunhão com a Fonte Originária de Todo o Ser é a experiência de beleza, de encantamento e de reverência face à sacralidade da vida e de cada um dos seres.

Cada ser revela a presença da Energia Universal. Cada um deve continuar existindo porque revela dimensões singulares desta Energia Universal.

Como é reconfortante nos sentirmos mergulhados nessa fonte que jorra energia perene, dinamismo e vida para cada um de nós e para todos os seres, nossos companheiros nessa aventura no universo e na Terra! Encontramo-nos como que dentro de uma incomensurável bolha perpassada de todo tipo de energia e de informações e que se expande de modo irrefreável. É aquilo que o paleontólogo e místico Pierre Teilhard de Chardin chamava de *milieu divin*; o meio divino no qual somos, respiramos, expandimo-nos e coevoluímos.

O Taoísmo Budista chama essa Energia Universal de *Tao*, presente em todos os seres e também para além deles. É difícil definir o que seja o Tao. Literalmente significa "caminho"; porém mais profundamente representa a força misteriosa que faz abrir um caminho. E cada ser tem o seu caminho e está à mercê do Tao.

Assim, o Tao dá origem a tudo, sendo ele mesmo sem origem. Permite todas as falas, mas ele mesmo não pode ser falado. Cada ser possui a presença singular do Tao sem que ele deixe de ser universal.

A tradição hindu, especialmente do Hatha-Yoga, chama a Energia Universal de *Prana*. Em sânscrito significa "respiração cósmica": a Energia Universal que penetra todos os seres e que nos seres vivos se mostra pela respiração e pelo movimento.

A tradição hindu mais ancestral chama-a de *Kundalini*, que em sânscrito significa "fogo da serpente". Reparando bem, tudo proveio de um imenso fogo originário do *big bang*. Nós mesmos vivemos do fogo fundamental que vem do sol e das estrelas. A Terra possui em seu centro um fogo líquido que sempre arde e de vez em quando irrompe pelos vulcões. Assim também nós, homens e mulheres, estamos assentados sobre uma fornalha de fogo ardente. É a *Kundalini*, cujo fogo ziguezagueando como uma serpente (daí o nome *kundalini*) sobe pela coluna vertebral, anima e fortalece a vida e especialmente se detém nos pontos de energia (chacras), para que sejam despertados.

Trata-se, pois, da presença da Energia Universal sob a forma de energia ígnea, que além de encher todo o universo, está nos seres humanos, como que enrolada sobre si mesma no final da coluna vertebral.

Está aí adormecida, esperando ser acordada para então começar sua ascensão pela coluna vertebral. Ao subir, potencia os centros vitais, espiritualiza cada parte do ser humano até conferir-lhe uma experiência de comunhão com o Todo, quando chega, então, ao alto da cabeça onde se situa a glândula pineal, permitindo-nos uma experiência de não dualidade e de pertença ao Espírito. A partir daí ganha novamente o universo, seu lugar natural.

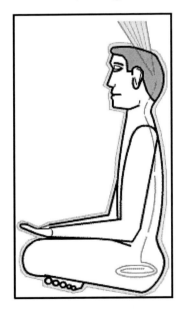

Ascensão da Kundalini

2 Os sete centros de energia no ser humano: os chacras

Uma vez despertada, a Energia Universal (*Kundalini*) começa a passar pelos sete centros vitais que existem no corpo e que lhe garantem saúde e vitalidade. Estes centros vitais formam os chacras. Em sânscrito, chacra significa "roda". Estando sempre em rotação, os chacras querem expressar a roda da vida ou o "círculo" que traduz o dinamismo das energias. Tratam-se de centros de força, redemoinhos energéticos, pontos nos quais o corporal e o espiritual se interpenetram.

Os chacras lembram simbolicamente a flor de lótus com suas várias pétalas que brotam em intervalos numa haste comum que é a *Kundalini* (Energia Universal) na parte inferior, no cóccix.

Os chacras são visitados pela *Kundalini*, que os ativa para produzir uma experiência singular, própria daquele chacra. Na medida em que a *Kundalini* (Energia Universal) sobe pela coluna vertebral, qual fogo líquido e serpentino, e penetra nos chacras (centros vitais), a consciência vai se abrindo no topo da cabeça até que ela mergulhe no Todo, numa experiência de comunhão, fusão e de suprema bem-aventurança.

A ativação dos chacras também possui uma função terapêutica: reforça as energias vitais de tal forma que a parte sã cura a parte doente. Já dissemos que o ser humano é marcado/portador de caos e de cosmos, de luz e de sombra, de sapiência (propósito, ideais) e de demência (excesso e maldade). A *Kundalini* equilibra tais energias, reforçando as positivas e mantendo sob controle as negativas.

Vejamos rapidamente cada um dos sete centros vitais (chacras) que podem ser acompanhados pela ilustração anterior.

O *primeiro* centro de energia – chacra *basal* – está situado no cóccix. Ele se encontra entre o ânus e o pênis, ou a vagina. Ali está concentrada a Energia Universal, na metáfora já explicada, da *Kundalini* enrolada sobre si mesma. Normalmente ela se apresenta como que uma brasa coberta de cinzas, parecendo imóvel e apagada. Na verdade, ela, como fogo líquido, está viva, apenas esperando ser ativada. Manifesta-se na forma de um disco de luz vermelho-alaranjado.

O *segundo* centro de energia – chacra – é o do *sacro*, ligado aos órgãos genitais e ao órgão urinário. Ele se situa na raiz dos genitais, sendo a origem da sexualidade genital e da reprodução humana. Ali há uma poderosa concentração da Energia Universal, refulgindo como sol e possuindo as cores do espectro solar: vermelha, alaranjada, amarela, verde, azul e roxa.

Se a pessoa não tiver adquirido certo desenvolvimento humano com valores morais fortes para integrar e controlar esse chacra, entregando-se à sua volúpia e não lhe abrindo caminho em direção aos outros chacras, pode se escravizar a ele. Torna-se um sátiro, um obsessionado sexual e acaba adoecendo.

O *terceiro* centro de energia – chacra – é *o solar* ou o *umbilical*, chamado também de *plexo solar*, que inclui o fígado e o estômago. É o centro físico do corpo humano. Acredita-se que o umbigo é um canal especial para receber Energia Universal e também irradiá-la. Através dele nos ligamos "umbilicalmente" a todo o universo e às suas energias. A cor predominante é uma singular combinação de vermelho e verde.

O *quarto* centro de energia – chacra – é o do *coração*. Sua cor é dourada. Seu pulsar entra em sintonia com o pulsar do universo, sendo a sede da harmonia, da bondade e do amor cósmico. É no coração que moram os bons sentimentos e onde fica a sede dos valores morais, éticos e espirituais.

O *quinto* centro de energia – chacra – é o da *garganta*. Ele domina a respiração, que é uma forma de receber a Energia Universal, deixá-la circular por nossos pulmões e no sangue e depois devolvê-la ao universo. Permite uma comunhão com todos os seres viventes, seres que respiram. Sua cor é o prateado, semelhante ao da lua que se espelha sobre o lago.

O *sexto* centro de energia – chacra – é o *frontal*, situado entre as duas sobrancelhas. Também é chamado de terceiro olho. É a sede da inteligência em seu grau mais alto, permitindo ver além das aparências, captar mensagens que nos vêm de todos os lados e ter intuições iluminadoras. Pelo fato de alargar a consciência, comunica uma sensação de grande liberdade. Sua cor é branca como leite.

O *sétimo* centro de energia – chacra – é o do *alto da cabeça*, chamado também de *coronário*, porque se apresenta em forma de coroa de luz dourada, como aquela auréola que circunda a cabeça dos santos e das santas. No Oriente apresentam o Buda, por exemplo, com um bulbo ou uma proeminência sobre a cabeça. No Antigo Egito aparecia na forma de uma serpente que saiu de cima da cabeça do faraó.

Nesse chacra se concentra maximamente a Energia Universal, controlando todos os outros chacras (centros de energia). Quem consegue ativar completamente o chacra do alto da cabeça acolhe a máxima manifestação da *Kundalini* (Energia Universal), atinge o mais alto grau de consciência, a cósmica, entra em comunhão com a Fonte Originária de Todo o Ser e se une a ela de forma misteriosa, a ponto de não existir mais dualidade, mas uma única e dinâmica Energia. É o estado de satori ou de êxtase. Os yogis indianos dizem que esse chacra brilha como dez milhões de sóis juntos.

A chegada a esse derradeiro chacra é fruto do caminhar de toda uma vida, de ativação das energias positivas de todos os demais centros energéticos. A pessoa se espiritualiza e sua consciência se sente unida a todo o cosmos, como sendo sua própria morada.

Para expandir plenamente as energias humanas, cada pessoa deve ativar e potencializar todos os seus centros energéticos (chacras) – uns mais, outros menos –, de tal forma que a vida resulte harmoniosa e habitada por uma paz serena. Deter-se só num dos chacras, impedindo que a Energia Universal flua e faça o seu curso por todo o corpo, é se prejudicar, é ser condenado a um botão que nunca vai desabrochar.

III
A MENTE ESPIRITUAL

No capítulo anterior enriquecemos nossa compreensão do ser humano, mergulhado no universo e perpassado pela Energia Universal que se canaliza nos chacras: pontos altamente energéticos do corpo humano.

Queremos agora nos concentrar numa parte do ser humano; a mais complexa e misteriosa: o cérebro. De imediato, nos encontramos como que num círculo vicioso: para estudar o cérebro precisamos do cérebro. Não é possível vê-lo de fora, como instância exterior e neutra. Só estando dentro do cérebro e envolvidos pelo cérebro é que podemos aprofundar o estudo dele – *O cérebro é o suporte da mente espiritual humana.*

1 O que é e como funciona o cérebro humano

Propomos, apoiados em dados da neurociência, sempre mutantes, uma sumaríssima explicação sobre a misteriosa complexidade do cérebro humano. Ele é minuciosamente estudado pelas ciências da mente.

De uma vasta pesquisa nos interessam apenas dois dados: as três dimensões do cérebro humano e a dimensão espiritual da mente, chamada também por alguns de "ponto Deus" no cérebro ou de "mente mística".

1.1 As três dimensões do cérebro

O cérebro como "o conhecemos" hoje não surgiu como tal. Ele precisou de milhões de anos de evolução. Forma o sistema nervoso central ou o encéfalo. É composto de três sobreposições que surgiram lentamente, com mente e consciência.

a) O cérebro reptiliano

Este se situa no tronco encefálico, na parte posterior da cabeça. Surgido com a emergência dos répteis há cerca de 300 milhões de anos, responde por todos os mecanismos instintivos de sobrevivência, como os reflexos espontâneos de ataque e defesa; regula o sistema cardiovascular e respiratório, a circulação dos hormônios e do sangue. A percepção de fome e de sede e os comportamentos sexuais de reprodução – como a cópula, por exemplo –, têm nele sua sede. Os seres vivos não precisam aprender tais mecanismos; eles são comandados instintivamente pelo cérebro reptiliano.

b) O cérebro límbico

Esta segunda parte do cérebro surgiu com os mamíferos há cerca de 215 milhões de anos. Situa-se no interior do encéfalo, protegido pela caixa craniana. Com os mamíferos surgiu algo inédito na história da evolução: a emoção, o afeto, o cuidado e a proteção.

A mãe concebe e carrega dentro de si a cria. Ao nascer, dispensa-lhe todo tipo de cuidados. No cérebro límbico está situada a memória de tudo o que foi vivenciado; seja como perigo, seja como satisfação. É uma parte considerável e muitíssimo influente na vida cotidiana, pois somos movidos pela sensibilidade, pelas paixões e por aquilo que nos toca emotivamente de forma profunda. Por isso, a base fundamental da vida humana é feita mais de *pathos* (sensibilidade, afeto) do que de *logos* (razão e pensamento). Junto com a razão intelectual possuímos a razão sensível.

c) O cérebro neocortical

Esta última parte do cérebro é a mais recente. Ela foi preparada pela complexificação do cérebro dos primatas. Desenvolveu-se mais com os homínidas por volta de 5 milhões de anos, ganhando maior complexidade com os primeiros humanos há 2,6 milhões de anos até se completar com o *homo sapiens sapiens* há cerca de cem mil anos, muito mais complexo do que todos os anteriores. Apresenta grande quantidade de células e tecidos, na ordem de dez bilhões de neurônios. É a parte especificamente humana, sendo responsável pelo raciocínio, pela linguagem, pela lógica e pela interpretação de símbolos, sinais e mensagens.

Essas três partes constituem o cérebro humano. Todas elas estão inter-relacionadas através de incontáveis conexões Ele é *triuno*, à semelhança da Santíssima Trindade. Nesta há três pessoas divinas muito entrelaçadas por um dinamismo de vida, de amor e de comunhão, que constituem um único Deus-amor-relação. Algo semelhante ocorre com o único cérebro humano, que se concretiza nestas três expressões: reptiliano, límbico e neocortical. Três são as camadas, mas é um único cérebro.

1.2 Os dois hemisférios: direito e esquerdo

O cérebro tem dois hemisférios (o direito e o esquerdo) em formato de noz, estando dentro da caixa craniana. Cada um dos hemisférios exerce função diferente e complementar.

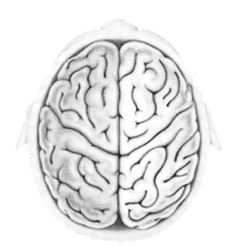

O hemisfério esquerdo responde pela análise, pelo discurso lógico, pelos conceitos abstratos e pela percepção da sucessão dos tempos, pelos números e pelas conexões causais; é esquemático e pouco flexível. Este lado foi desenvolvido especialmente no Ocidente, que conferiu centralidade à razão, ao pensamento abstrato, às ciências que analisam as partes do todo e as causalidades dos fenômenos.

O hemisfério direito responde pela síntese, pelos símbolos, pela criatividade, pela intuição, pela espacialidade e pela percepção de totalidade (holismo). Culturas orientais como o budismo, o hinduísmo e o xintoísmo deram-lhe especial ênfase, pois elas são mais sensíveis à totalidade e à experiência da não dualidade do que às partes e às singularidades.

1.3 O corpo caloso: ponte entre os hemisférios

O corpo caloso está localizado entre os dois hemisférios, sendo constituído de fibras e feixes nervosos. Ele tem função simultânea e dupla: separar e unir. Articulando os dois hemisférios, transporta informações, guardando-as na memória. Leva cerca de dez anos para se constituir plenamente. Isto explica por que não temos recordações dos primeiros anos de nossa vida.

Passaremos a chamar este corpo caloso de "a senda de Deus". Incidido pela "Luz Beatíssima", ele permite a articulação de ambos os hemisférios de forma tal que a pessoa supere a separação e tenha a experiência de união, de percepção de totalidade, de não dualidade, de profunda paz de espírito, de bem-aventurança, de gratuidade e de integração no Todo.

1.4 O lobo frontal: a singularidade humana

O lobo frontal é a parte mais decisiva do cérebro neocortical. Ele se forma lentamente a partir dos três anos de idade, indo até os oito. É a parte que sintetiza todos os diferentes mecanismos do cérebro, concatena as ideias, alimenta a imaginação, projeta sonhos, formula utopias e sustenta as decisões.

O lobo frontal está relacionado à consciência ética, ao sentimento de reverência e à experiência espiritual. Nele é que se realiza o "ponto Deus" e a "mente mística". Sem o lobo frontal seriam impossíveis a consciência e a mente.

A relação entre mente e cérebro é extremamente complexa e tem provocado as mais diferentes teorias e interpretações que não cabem ser referidas aqui. De qualquer forma, como diz um neurocientista, a mente é "o nome que se dá a realidades intangíveis produzidas no cérebro, tais como a vida afetiva, o amor, a compaixão, a honestidade, a arte, os propósitos, a fé, a religião, a reverência e a experiência do numinoso e do sagrado".

É misteriosa a relação entre mente e cérebro. As neurociências estudam como funciona o cérebro, mas não têm condições de dizer o que é e como surge a consciência. Esta, podemos dizer, é o conhecimento imediato da própria existência, enquanto integradora de todas as dimensões do corpo, da psique, da mente e também das realidades intangíveis que poderíamos chamar de espirituais.

A mente e a consciência têm sua base no cérebro e no funcionamento dos neurônios, mas sua compreensão exige ir além deles.

2 A mente espiritual

Da antropologia histórica e da história comparada das culturas se constata que duas questões estão unanimemente presentes: a lei moral na consciência e a crença numa Última Realidade que transcende este mundo espaçotemporal.

Qual é a base neurológica e mental dessas duas experiências tão fundamentais para a vida humana? Qual é a base biológica para discernir o que é bom para mim e para o outro? Ou o que não é bom para ninguém? Por que sou levado a entender a cristalina verdade desta máxima: "Não faça ao outro o que não queres que te façam"? Que estruturas biológicas subjazem à experiência mística de união com Deus – "A amada no Amado transformada", no dizer de São João da Cruz – ou ao fervor religioso até alcançar o êxtase? Tais fenômenos são recorrentes nas religiões e nos caminhos espirituais. Constituem fatos inegáveis que desafiam a interpretação.

Sabemos que há constantes antropológicas presentes em todas as culturas historicamente conhecidas. Todas têm um repertório musical, suas culinárias específicas, um certo cálculo numérico, pintam figuras, teatralizam a vida, ritualizam a morte e elaboram ideias de uma Realidade Transcendente que vai além da realidade meramente empírica. Isso supõe que expressam virtualidades neuronais e padrões culturais acumulados ao longo da história humana. Caso contrário, seria impossível verificá-las. A referência a uma Última Realidade ou a Deus e a presença da lei moral radicam nessas constantes antropológicas que, por sua vez, repousam sobre alguma estrutura neuronal. Mas elas não são neurônios; pertencem a uma outra realidade misteriosa que nos esforçamos por entender.

Em razão disso, vários neurocientistas elaboraram uma *neuroteologia* e falam em *mente mística* (*mystical mind*). Nós preferimos falar em mente espiritual.

Outra experiência também vinda de neurocientistas refere-se ao "ponto Deus" no cérebro. Constataram que ao lado da inteligência intelectual (QI: quociente intelectual) e da inteligência emocional (QE: quociente emocional) existe uma inteligência espiritual (QES: quociente espiritual).

Pela inteligência espiritual percebemos os contextos maiores de nossa vida, totalidades significativas que nos fazem sentir inseridos no Todo. Ela nos torna sensíveis a valores, a questões ligadas à Última Realidade e à transcendência. É chamada de inteligência espiritual porque é próprio da espiritualidade captar totalidades e se orientar por visões transcendentais que dão sentido à vida e que podem se relacionar com Deus.

Sua base empírica reside na biologia dos neurônios. Verificou-se que a experiência unificadora se origina de oscilações neurais a 40 hertz, especialmente localizadas nos *lobos tempo-*

rais. Desencadeia-se, então, uma experiência de exaltação e de intensa alegria como se estivéssemos diante de uma "Presença Viva". Constatou-se também que, constantemente, ao se abordar temas religiosos, Deus ou valores concernentes ao sentido profundo das coisas – não superficialmente, mas num envolvimento sincero – produz-se igual excitação de 40 hertz. Os cientistas, e não os teólogos, chamaram este fenômeno de "ponto Deus" do cérebro.

Além de haver desenvolvido sensores externos como a visão, a audição e o tato, a vida gerou um mecanismo interno através do qual pode-se captar a presença de Deus. Ele estava sempre presente no processo evolutivo, mas agora pode ser percebido pelo ser humano e tirado de seu anonimato. Ele pode ser nomeado, e de fato o é pelas grandes religiões que o chamam de Tao, Shiva, Javé, Alá, Olorum ou simplesmente Deus. Numa linguagem secular, tirada da astrofísica, é também chamado de "Abismo Alimentador de Todo o Ser", do qual tudo sai e para o qual tudo retorna.

Deus, evidentemente, não está apenas num ponto do cérebro, mas em toda a vida e em todo o universo. Apenas afirmamos que estamos munidos de um mecanismo interno pelo qual captamos sua misteriosa presença no processo da evolução. Trata-se de uma vantagem evolutiva de nossa espécie que pode, a partir dessa consciência, dialogar com Deus, venerá-lo, adorá-lo e reconhecê-lo como o Criador e o Provedor de todas as coisas.

Esse "ponto Deus" sustenta a espiritualidade, que é um dado objetivo da natureza humana. Por isso, não pode ser monopolizado pelas religiões. Ao contrário, elas se constroem sobre essa realidade antropológica objetiva e ganham significação na medida em que conservam e expandem a mente espiritual.

A Meditação da "Luz Beatíssima" que vamos propor procura animar toda a realidade complexa das pessoas, especialmente cultivando o "ponto Deus" e incrementando a "mente espiritual", para que elas se tornem mais humanas, mais integrais, mais cósmicas e mais espirituais. Numa palavra, que as faça mais plenificadas e felizes, em profunda comunhão com o Espírito Criador.

IV
A LUZ: MISTÉRIO E SÍMBOLO

A luz constitui para os seres humanos uma das realidades mais fascinantes. Ela está cercada de mistérios. Séculos de pesquisa envolveram os maiores nomes como Aristóteles (no mundo antigo), Grosseteste (no mundo medieval), Newton e Huygens (no mundo moderno), Maxwel e Einstein (no mundo contemporâneo). No entanto, chegaram a poucos resultados. No fundo, ela permanece para a própria ciência uma grande interrogação e um mistério.

1 A luz como partícula material e como onda energética

Curiosamente foi um franciscano medieval, Robert Grosseteste (1168-1253), quem elaborou, em Oxford, uma complexa reflexão sobre a luz, verdadeira metafísica, muito sugestiva e próxima às modernas teorias da luz. Ele teorizou a luz como uma substância originária e irredutível, que tem algo de matéria sutilíssima (nós diríamos corpúsculo) e algo de espírito (onda eletromagnética) e que entra na composição de todos os corpos. Cada corpo carrega luz dentro de si. Por isso são radiantes os seres inteligentes que ostentam a luz na mente e o calor no coração.

Com o advento da ciência moderna predominava a teoria de que a luz era composta de corpúsculos, portanto, algo material em nível atômico e subatômico. Procurava-se explicar todos os fenômenos por esta compreensão, embora muitos permanecessem obscuros.

Mas as experiências empíricas permitiram concluir que ela é, antes, uma modalidade de energia radiante que se propaga através de ondas magnéticas. Tais ondas possuem distintos comprimentos e frequências diferentes, a maioria invisível ao olho humano.

Por exemplo, a luz visível que nos permite ver os objetos, pois estes refletem a luz, possui um comprimento de onda muito pequeno na ordem de 10 com potência minus 6 centímetros. Decompondo-se essa luz branca através de um prisma produz-se um arco-íris com as diferentes cores: violeta, azul, verde, amarelo, laranja e vermelho. A primeira, a violeta, possui o comprimento menor, e a última, a vermelha, o maior.

A frequência varia e é medida por hertz. A escala segue esta ordem crescente, sendo que nenhuma delas é visível ao olho humano: infravermelho, ultravioleta, raios X, raios gama, micro-ondas e ondas de rádio.

Num espaço vazio ou só com poeira cósmica a luz mantém sempre a mesma velocidade, cerca de 300.000 quilômetros por segundo. É o limite até hoje insuperável e, por isso, considerado uma das constantes cosmológicas.

Com o surgimento, a partir de 1920, da Física Quântica, que é a física das partículas elementares e subatômicas e dos campos energéticos, percebeu-se que se entenderia melhor a luz se a tomássemos como um fenômeno quântico que se rege pelas complementaridades e pelas virtualidades. Isto quer dizer que ora ela se comporta como partícula material, ora como onda eletromagnética. Ela é, portanto, matéria sutilíssima e simultaneamente energia.

Tomada como partícula, ela explica vários fenômenos, como o fato de que pode ser contida por uma matéria mais densa (uma placa de chumbo); tomada como onda, esclarece outros, como sua propagação pelo universo. Mas juntos, partícula e onda, permitem uma compreensão mais completa da luz. Essa acepção integradora mostra o caráter misterioso da luz. O que ela é, afinal?

As duas perspectivas – onda e partícula – que parecem opostas são, na verdade, complementares. Esta complementaridade ficou ainda mais evidente com a hipótese revolucionária do francês Louis de Broglie, em 1923, sugerindo que não só a luz, mas também toda a matéria, possuem propriedades ondulatórias. Tudo, portanto, é simultaneamente partícula e onda. Com isso ganhou o Prêmio Nobel em física.

Para a Teoria da Relatividade de Einstein, isso não é novidade. Segundo essa teoria, matéria, na verdade, não existe. O que existe é energia em distintos níveis de densidade. Matéria é, segundo Einstein, energia altamente condensada que pode, quando seus átomos forem quebrados, transformar-se em energia. As bombas atômicas demonstraram a verdade desse fenômeno.

Tal compreensão não suprime o caráter misterioso da realidade, especialmente da luz; antes, aprofunda-o. O que ela é de fato, ninguém o sabe com certeza.

Como surgiu a luz? Eis outro mistério. Muito provavelmente ela é fruto da incomensurável explosão que ocorreu há 13,7 bilhões de anos (*big bang*), seguida do esmagamento de matéria e da antimatéria ocorrido no momento imediatamente após a grande explosão. O choque de matéria com antimatéria foi tão gigantesco que por muito pouco não se aniquilaram mutuamente. Restou apenas uma pequeníssima porção de quarks (a menor partícula subatômica), na ordem de 0,000.000.001. Dessa pequeníssima porção se originou o atual universo. Mas deste entrechoque foi liberada uma quantidade inimaginável de luz e de calor.

Seriam os fótons – feixes de energia luminosa e partículas subatômicas – que ainda percorrem o espaço quase infinito do universo. Não encontrando outros corpos e buracos negros que a engulissem, a luz seguiu seu curso por bilhões e bilhões de anos pelo espaço infinito, "chegando até nós".

Com a expansão da matéria e das energias originárias surgiram as grandes estrelas vermelhas com bilhões de graus de calor em seu interior. Elas emitiram luz para todas as direções. Depois que explodiram, espalharam os elementos que continham dentro de si os tijolinhos físico-químicos que compõem todos os seres do universo e também nossa realidade, elencados na famosa tabela periódica de Mendeleiev. Estes formaram as galáxias e outras estrelas, inclusive o sol e os planetas como a Terra, sobre a qual emergiu a vida e a consciência.

Essas estrelas, por serem incandescentes, emitem raios de luz que chegam até nós depois de bilhões e bilhões de anos de viagem. Analisando a luz da galáxia mais distante, que pende para o vermelho (portanto, que está se afastando de nós), verificou-se que ela dista cerca de 13,7 bilhões de anos. É a presumível idade do universo e a nossa própria idade.

2 Os biofótons: a luz das células

Um dado surpreendente nos foi fornecido por um pesquisador russo, Alexander G. Gurich. Ele se deu conta de que todos os sistemas biológicos emitem biofótons. São ondas imperceptíveis aos olhos, mas identificáveis por aparelhos sofisticados. Todas as células vivas das plantas, dos animais e dos seres humanos emitem ondas eletromagnéticas de luz, coisa que Robert Grosseteste no século XIII, como vimos, já havia intuído. Outros cientistas, especialmene o alemão Fritz-Albert Popp, em 1974, comprovou que a sede desta bioluz são as células do DNA. Portanto, ela se encontra no "coração íntimo" da vida, lá onde ela se reproduz e se regenera. Do DNA ela se irradia por todas as células e organismos do corpo humano, revelando o estado de saúde ou de doença da pessoa.

Sempre houve na humanidade essa percepção de que no ser humano há irradiação de luz. Chamavam-na de "aura", "mana" (asiáticos), "prana" (yogis), "shi" (chineses), axé (tradições afro-americanas), "chama interior" ou "luz essencial" (místicos de todas as tradições). Há pessoas que possuem a capacidade de ver a "aura" dos outros, suas distintas cores, revelando cada uma delas certo estado anímico e corporal deles.

Tal constatação não nos causa admiração. Sabemos que todos fomos plasmados na fornalha das grandes estrelas vermelhas. Nascemos de sua luz e de seu calor. Por isso, todos os seres hoje existentes carregam essa luminosidade original dentro de seu ser. Somos filhos e filhas da luz, que irradia e aquece. Sua diminuição esfria a relação e produz mal-estar nos circunstantes.

Essa luz pode ser potenciada e transformar-se num clarão. É o propósito da Meditação da "Luz Beatíssima".

3 A luz como arquétipo

A luz e o Sol, o maior emissor de luz para a Terra, tornaram-se símbolos poderosos de tudo o que é positivo e vital. Especialmente o Sol irradiante é visto como o grande arquétipo do herói e do lutador que vence as trevas com os monstros que nelas eventualmente habitam. Sua aparição em cada manhã não é uma repetição, mas toda vez uma novidade, pois é sempre diferente. É um teatro cósmico que começa sempre como se Deus dissesse ao Sol cada manhã: "Mais uma vez"! "Renove seu nascimento"!

Havia o temor, constatado em todos os povos, de que o Sol talvez pudesse ser tragado pelas trevas e não voltasse mais a nascer e a iluminar a Terra. Criaram-se os rituais e as festas que celebravam a vitória do Sol sobre as trevas. Assim, a festa romana do *Sol invictus*, do "Sol invencível", posteriormente deu origem ao Natal cristão, a festa do nascimento do Deus encarnado numa criança, chamado pelo Primeiro Testamento de "O Sol da Justiça".

Fazia-se, e ainda se faz, a comparação que o Sol, com seus raios de luz, nasce como uma criança. Na medida em que sobe no firmamento, vai crescendo até chegar à idade adulta, ao meio-dia. Pela tarde vai perdendo vitalidade e se enfraquecendo, até ficar velho e morrer, sendo, então sepultado atrás da linha do horizonte. Mas, passada a noite, ele volta a nascer, limpo, brilhante, sorridente como uma criança. Como não celebrá-lo festivamente?

São Francisco de Assis, mesmo cego, expressou o impacto do Sol e da luz em seu famoso "Cântico ao irmão Sol", no qual diz: "Louvado sejas, meu Senhor, com todas as tuas criaturas, especialmente pelo senhor irmão Sol que clareia o dia e com sua luz nos alumia. Ele é belo e radiante e com grande esplendor; de ti, Altíssimo, é imagem".

Efetivamente, ele é uma imagem poderosa de Deus. Nenhuma metáfora da divindade é mais forte do que a da luz e a do Sol. A própria experiência da luz fez surgir a palavra Deus. Ela deriva de *di* em sânscrito que significa brilhar e iluminar. De *di* veio "dia" e "Deus", como expressão de uma experiência de luz e de iluminação. Como diz São João: Deus é luz e é preciso andar na luz para estar em comunhão com Ele (cf. 1Jo 1,5).

Para toda a tradição bíblica, e não só para São João, Deus é luz (cf. Sb 7,27.29). "Ele habita", no dizer de São Paulo "numa luz inacessível" (1Tm 6,16). Jesus se autoapresenta como luz: "Eu, a luz, vim ao mundo para que todo aquele que crê em mim não ande nas trevas" (Jo 12,46). O Verbo encarnado é "vida e luz dos homens", "luz verdadeira que ilumina todo o ser humano que vem a este mundo" (Jo 1,9). Por isso, é com razão apresentado como "a luz do mundo" (Jo 9,5). E "todos os que creem na luz, tornam-se filhos da luz" (Jo 12,36). A humanidade se divide em "filhos do mundo" e "filhos da luz" (Lc 16,8). Os que aderem a Cristo-luz devem viver "como filhos da luz" (Ef 5,8). E "os frutos da luz são tudo o que é bom, justo e verdadeiro" (Ef 5,9). Eis o grande desafio: ser também "luz para o mundo" (Mt 5,14).

Como reza tão bem a liturgia dos funerais: "Que as almas do fiéis defuntos não tombem nas trevas, mas que o Arcanjo São Miguel as introduza na luz santa. Faz brilhar sobre eles a luz sem fim".

Nós todos somos seres de luz. Como já dissemos, fomos formados originalmente no coração das grandes estrelas. Carregamos luz dentro de nós, no corpo, no coração (na forma de calor) e na mente (na forma de energia). Por isso, falamos da luz da mente que nos permite compreender os processos da natureza e penetrar no íntimo das coisas.

Todos estes dados foram aduzidos aqui para enriquecerem nossa Meditação da Luz. Do alto, do mistério insondável, do mais profundo do universo nos vem uma Luz que penetra nossa realidade humana, entra por nosso cérebro, magnetiza todo nosso corpo e volta para o Infinito de onde veio. É a "Luz Beatíssima".

V
MEDITAÇÃO DA LUZ NO ORIENTE E NO OCIDENTE

Há uma difusa tradição, tanto no Ocidente quanto no Oriente, de praticar a Meditação da Luz. Como se trata de uma realidade sutilíssima e de alto conteúdo psíquico e espiritual, a luz se prestava e se presta a ser um dos acessos mais diretos e fáceis ao universo da meditação e do encontro com o sagrado dentro de nós e do universo.

Fundamentalmente o Ocidente e o Oriente obedecem à seguinte intuição: um raio da Luz Infinita e sagrada incide sobre nossa cabeça, penetra em nosso ser, inunda-o de luminosidade, alimentando os biofótons das células do DNA e o nosso sol interior, sanando nossas feridas e nos transformando também em luz. Essa penetração em nós da Luz Infinita nos permite a comunhão consciente com ela e nos introduz no espaço do Divino.

1 A Meditação da Luz no Oriente

Conhecido é o método budista de meditação da luz. Ela é considerada a forma mais imediata e universal de meditação (jyoth) por ser a mais adequada à Divina Realidade que não tem forma, à semelhança da luz. Eis como se estrutura esse método.

- A pessoa acende uma vela à sua frente, na altura dos olhos.
- Senta-se de forma confortável e sempre em posição ereta, sem inclinar a cabeça.
- Relaxa totalmente o corpo. Fecha os olhos. Acompanha o movimento ritimado da respiração, inspirando e expirando.

1.1 Eu estou na luz

- Acalmada a mente, abra os olhos e fixe-se atentamente à luz da vela. Perceba os três níveis da única chama: o vermelho na base, o amarelado no meio e o azulado na ponta. Perceba igualmente a aura e a iluminação provocadas em seu redor. Um pavio de luz é mais poderoso do que toda a escuridão de uma sala.
- Fixe essa imagem da luz em sua mente, colocando-se diante dela, entrando em comunhão com ela. É o momento de sentir que está na luz.

1.2 A luz está em mim

- Feche os olhos. Traga mentalmente a chama da vela para o alto da cabeça. Faça com que a luz se desloque até o coração em forma de lótus, abrindo as pétalas do botão para iluminar totalmente o coração e fazer suscitar nele sentimentos de amorosidade e de bem-querença.

• Deixe a luz penetrar o corpo até ao plexo solar (o umbigo). A partir deste centro, alimente com irradiação as conexões com todas as coisas.

• Conduza a luz para as partes genitais, onde se encontra a fonte da vida e está assentada a *Kundalini*, a energia cósmica, enrolada sobre si mesma e que pode despertar e fazer o percurso por todo o corpo.

• Deixe a luz fluir para a perna direita, depois para a esquerda, conferindo-lhes flexibilidade.

• Conduza a luz de volta, fazendo-a retornar à base da garganta. Ela se difunde pelos braços esquerdo e direito, fazendo-os aptos para os gestos que consolam, apoiam e dão direção.

• Depois a luz penetra na garganta, nos olhos, no nariz e no ouvido, ativando a sensibilidade destes órgãos para que eles escolham sempre o bem, aquilo que reforça a vida e a comunicação entre os humanos com palavras, olhares e gestos.

• Por fim, deixe a luz preencher toda a cabeça, incendiando todo o cérebro para pensamentos positivos e construtores de reconciliação e paz.

É o momento no qual sinto que a luz está em mim.

1.3 Eu sou luz

• Cheio de luminosidade, você assume a natureza da luz: você se expande exatamente como a luz se expande.

• Primeiramente a luz se expande na sala em que você se encontra. Depois, em toda a casa, nos espaços ao redor da casa, no jardim, nas plantas e nos animais.

• A luz se expande mais e mais, atinge os vizinhos. Você pode conduzi-la aos seus entes queridos, para que eles participem do bem que a luz produz. Não esqueça de incluir as pessoas que não lhe querem bem. A luz é generosa como o Sol; ilumina a todos, justos e injustos, sem discriminação.

• A luz continua seu processo de expansão. Ela enche toda sua cidade, sua região, seu país, o Planeta Terra. A Terra se transforma numa bola iluminada.

• A luz continua sua caminhada pelo infinito. Atinge a lua, o Sol, as estrelas e chega à via láctea e às galáxias mais distantes.

• De repente não há mais o eu e o mundo, o eu e o universo. Superaram-se as dualidades. Tudo é um.

• A luz que somos nós se encontra com a Luz que é Deus. Produz-se então a suprema unidade e o mergulho no Sem-Nome, no *Atma* universal, no *Shi*, energia universal, e no *Sai*, o princípio de todas as coisas, sendo Ele mesmo sem princípio.

• Nesse momento você percebe que é luz por comunhão, que é Deus por participação.

• Permaneça nesse estado por um bom tempo, vivenciando a bem-aventurança humana e divina.

• Quando achar conveniente, volte ao seu estado normal; traga de volta a luz, lentamente, do infinito, passando pelas várias esferas, até chegar ao seu coração. Ali ela fica como uma brasa incandescente, sempre pronta a iluminar e aquecer.

• Encerre a meditação com uma ação de graças, entregando sua vida e destino ao Mistério, que é luz infinita.

2 A meditação da luz no Ocidente

No Ocidente foram os platônicos, os neoplatônicos e os gnósticos que mais praticaram a meditação da luz especialmente no norte do Egito onde florescia poderosa escola de espiritualidade e de meditação, no seguimento dos grandes filósofos Plotino e Fílon de Alexandria. Muitos formaram até uma escola, chamada de "Terapeutas do Deserto". Os cristãos que sabiam ser Deus Luz e Jesus a Luz no mundo também a assumiram e a praticaram.

2.1 A acolhida da Luz Infinita

Seu método era e é praticamente idêntico àquele oriental. Para os orientais, a luz era um raio que vinha do Espírito Universal; para os cristãos, vem do Espírito Santo – a *Lux Beatissima* –, incindindo sobre a cabeça das pessoas. É o Deus-Luz que, segundo São João no prólogo de seu Evangelho, "ilumina toda pessoa que vem a este mundo" (Jo 1,9). Ao ser humano cabe a acolhida e a abertura completa a essa visitação.

A Luz inunda todo o corpo e a alma, iluminando a Terra, todas as coisas e o universo inteiro, até voltar à sua fonte de origem no Espírito de Deus. O termo final é uma inexprimível efusão de amor, de intelecção, de vida e de comunhão com Deus, que é o Todo.

2.2 Abrir "a senda de Deus"

Dois alemães se fizeram conhecidos por um tipo semelhante de meditação: Ulrich Seibert e Hans Luther. Este último escreveu um pequeno livro com o título *Ein Leben in Glück und Zufriedenheit durch das "Öffnen der Gasse Gottes"* Regensburg: Licht-Quell Verlag, 1996 – Uma vida em felicidade e paz através da abertura da "senda de Deus").

Ambos desenvolveram um método que já fora elaborado fundamentalmente pela tradição, tanto oriental quanto ocidental. Esses autores falam mais de "energia vital" do que de "luz". Ela sustenta e vivifica todo o nosso ser, até o íntimo das células. Tal energia remete a outro tipo de energia: a Energia Infinita e Todo Poderosa – outro nome para Deus e o Espírito Santo –, que continuamente incide sobre os seres, densificando-se naqueles seres vivos portadores de cérebro e, mais especialmente, sobre o ser humano consciente.

Essa Energia Superior nunca deixa de penetrar no ser humano. Ninguém pode subtrair-se a ela, pois sem tal Energia ninguém poderia viver. O ser humano pode, cada vez mais, abrir-se conscientemente a ela.

O lugar de incidência da Energia Superior é o corpo caloso do cérebro, ao qual já nos referimos anteriormente; aquele conjunto de fibras e nervos que separam e, ao mesmo tempo, unem os dois hemisférios cerebrais e que, também, aciona o cérebro mais ancestral, o reptiliano. Essa parte do cérebro é chamada por esses autores de a *senda de Deus* (*Gasse Gottes*).

Quando o ser humano conscientemente invoca a abertura da senda de Deus, automaticamente a energia do *Spiritus Creator* penetra mais profundamente e energiza toda a sua realidade.

Todos nós vivemos permanentemente na polaridade de eu/mundo, sentimento/razão, visível/invisível, dentro/fora, *animus* (masculino)/*anima* (feminino), tempo/eternidade e dos hemisférios esquerdo e direito de nosso cérebro.

O fluxo desta Energia Infinita faz unir o que está separado, permite a coexistência das polaridades e propicia uma experiência de não dualidade, de uma união dinâmica das energias humanas com as energias universais. Todas as potencialidades humanas, conscientes e inconscientes, as virtudes e as capacidades emocionais, intelectuais e volitivas são animadas e potenciadas. O espírito humano em contato com o Espírito Divino se torna atento a mensagens e sensível a eventos futuros. A Energia Todo-poderosa tonifica os órgãos e pode até curar doenças corporais e espirituais.

O efeito maior dessa abertura à Energia Infinita é a ultrapassagem das polaridades rumo à emergência da unidade, que tem como protótipo a unidade divina. Ela produz profunda paz interior, base para a felicidade possível aos mortais.

2.3 Os passos da meditação

A meditação pela abertura da senda de Deus é feita nos seguintes passos:

1) Sentar-se ou deitar-se relaxadamente, sem cruzar as pernas.

2) Estando sentado, manter a palma das mãos viradas para baixo e repousadas sobre as pernas, para que o círculo energético se feche. Se estiver deitado, colocar a palma das mãos coladas ao corpo.

3) Fechar os olhos.

4) Por um ato deliberado, abrir espiritualmente a senda de Deus (o corpo caloso). Para isso, imaginar, por exemplo, uma cúpula de observatório que se abre para o firmamento estrelado ou um botão de flores que desabrocha para a luz. Estes são apenas meios para facilitar a abertura da senda de Deus.

5) Concentrar-se no fluir da Energia do Espírito Divino que corre, de ponta a ponta, pela senda de Deus. Acolher positivamente esse advento sagrado da Energia.

6) Concentrar-se no fluir da Energia de Deus por todo o corpo: cabeça, pulmões, coração, partes genitais e membros inferiores (pernas e pés). Retornar, fazendo um grande círculo energético.

7) Conscientizar-se de que esta Energia Divina cura, anima, potencia e fortalece todo o seu ser corporal e espiritual.

8) Dar-se o tempo conveniente para sentir esta infusão de Energia (até sentir-se totalmente energizado).

9) Por fim, agradecer ao Deus vivo por sua vinda e inter-penetração em todo o nosso ser.

10) Permitir que a senda de Deus se feche lentamen-te até aquela abertura ínfima que sempre existe e persiste, in-dependentemente de nossa vontade, pois nada é fechado para Deus.

Aconselha-se a fazer essa meditação pela manhã, ao se levantar. Isso irá energizar o dia do praticante, que poderá en-frentar os altos e baixos próprios da condição humana, feita de trabalhos, preocupações, alegrias, realizações e surpresas.

À noite, antes de recolher-se, é aconselhado repeti-la, para reenergizar a vida, entregá-la ao desígnio divino e agrade-cer-lhe pelo dia transcorrido.

Esse exercício também pode ser realizado de forma rápida, durante o dia: no trajeto para o trabalho, caminhando, estando sentado no carro ou dentro do ônibus, ao parar num semáforo, ao sentar-se para tomar um café ou fazer um pequeno descanso.

O efeito final é sentir a vida mais leve, mais espirituali-zada, mais segura, porque orientada pela Luz Divina que nunca nos falta.

VI
MEDITAÇÃO DA "LUZ BEATÍSSIMA"

Vamos propor, a partir de um percurso pessoal, uma forma de Meditação da Luz que procura incorporar os elementos do caminho ocidental e do oriental, enriquecendo-os com conhecimentos advindos da nova cosmologia e das neurociências, referidos anteriormente.

Trata-se de uma proposta que não invalida as demais, apenas procura dar-lhe uma feição mais contemporânea. Nós a chamamos de "Meditação da Luz Beatíssima" – a expressão que os cristãos deram ao Espírito Santo num hino antigo, cantado na Festa de Pentecostes. O texto latino diz: "*O Lux Beatissima, reple cordis intima, tuorum fidelium*" (Ó Luz Beatíssima, plenifique o íntimo do coração de teus féis). Num outro lugar do mesmo hino chama o Espírito de "*Lumen Cordium*" (Luz dos Corações). Diz ainda*: "Sine tuo numine, nihil est in homine, nihil est innoxium*" (Sem a tua iluminação, nada existe no ser humano, nada que seja puro).

1 Rito preparatório

Para o encontro com a Luz Beatíssima temos que nos preparar, pois trata-se de um acontecimento de grande significado existencial. Pode-se seguir dois ritos fundamentais. Eles têm o sentido de abrir o espaço para a acolhida da Energia Universal, que é o Espírito Santo. Esta está permanentemente presente, embora nem sempre é conscientizada e interiorizada.

Primeiro rito

Fique de joelhos. Feche os olhos. Erga os braços ao céu o mais que puder. Procure a máxima concentração naquela Energia Universal que enche o universo, que te inunda por todos os lados e que se manifesta como Deus-luz-beatíssima. Louve o Deus-comunhão, dizendo: "Vem Energia Universal que me crias, recrias e suportas, vem e vitaliza todo o meu ser e põe-me em conexão com todos os seres do universo e em comunhão com Deus. Glória a ti, Pai; glória a ti, Filho; glória a ti, Espírito Santo".

Repita esta pequena louvação, mentalmente, na forma de um mantra, muitas e muitas vezes até se sentir imerso no oceano da Energia Universal e perceber que entra, afetivamente, em contato com o Deus-comunhão-de-Pessoas.

Segundo rito

Fique de joelhos. Dobre-se até o chão, inclinando a cabeça até a testa tocar totalmente o chão, recuperando-se a posição original de feto. Dobre os braços de forma tal que o antebraço fique estendido no chão, mantendo as mãos abertas coladas também ao chão. Então concentre-se, abrindo-se totalmente à vinda da Energia Universal e entre em profunda adoração ao Deus-luz-beatíssima. Mentalmente repita a oração: "Vem Energia Universal que me crias, recrias e suportas, vem e vitaliza todo o meu ser e põe-me em conexão com todos os seres do universo e em comunhão com Deus. Glória a ti, Pai; glória a ti, Filho; glória a ti, Espírito Santo".

Depois, erga-se, estenda os braços abertos em direção ao céu e repita a oração.

Volte a inclinar-se até o chão, permanecendo nessa posição durante certo tempo em profunda adoração e invocação. Produzir-se-á, através dessa posição do corpo, uma profunda comunhão com a terra, enquanto que, com a mente, entrará em especial comunhão com o universo e com o Deus-comunhão.

2 Os dez passos da Meditação da "Luz Beatíssima"

Depois, sente-se comodamente, com as costas eretas, as pernas em xis (como na ilustração abaixo) a palma das mãos sobre os joelhos para não permitir que a luz se espalhe, mas que fique no corpo, perpassando-o completamente.

Feche os olhos, mantendo a cabeça ereta como quem olha ao longe. Invoque a vinda da Energia Universal na forma da Luz Beatíssima, que é o Espírito Santo. Ela se condensa e desce como um raio finíssimo, vindo do mais profundo do universo e do seio do Deus-comunhão.

Vamos seguir os centros de energia vital (chacras), tão bem estudados pela tradição oriental.

Primeiro passo: Comece voluntariamente a ativar a fonte de energia mais densa e suprema que está em você, que é o chacra coronariano situado no alto da cabeça. Que a luz incida totalmente nele, potencie-o até imaginariamente vê-lo na forma de um círculo dourado, à maneira da auréola dos santos e das santas. Repentinamente perceberá que um raio de luz se alarga e começa a envolvê-lo totalmente. Sentir-se-á mergulhado como se você fosse uma nuvem luminosa. É a Energia Universal que se adensa sobre você, como o Espírito Santo fez sobre Maria. Permaneça durante algum tempo nesse mergulho silencioso e vasto como o oceano.

Segundo passo: Prepare-se agora para internalizar a Luz Beatíssima dentro de você. Intencionalmente abra o corpo caloso, também chamado "senda de Deus". Normalmente ele está fechado, pois separa e, ao mesmo tempo une os dois hemisférios cerebrais. Mas nada é fechado para a Energia Universal. Mentalmente abra-o como se removesse a cobertura de um planetário na direção da imensidão do universo estrelado. Permaneça assim por um bom tempo, pois se trata de abrir lentamente a porta pela qual a Luz Beatíssima vai penetrar. Invoque-a para que venha copiosamente. Invocada, ela vem.

Terceiro passo: Mentalmente direcione a Luz Beatíssima para o hemisfério esquerdo do cérebro. É a sede do pensamento, de suas ideias, visões de mundo e de seus processos racionais pelos quais você orienta inteligentemente sua vida e seus afazeres. Deixe que a Luz Beatíssima penetre no íntimo de seus pensamentos, para que sejam direcionados ao que é verdadeiro e certo, àquilo que edifica, à construção de uma relação humanizadora com as outras pessoas, formando uma teia de conexões sociais que, além das pessoas, também inclua o ambiente que o cerca.

Que a Luz Beatíssima endireite suas distorções de visão, desfaça seus preconceitos e o liberte dos pensamentos maus.

Quarto passo: Depois, conduza a Luz Beatíssima para o cérebro direito, onde residem seus grandes sonhos, seus desejos mais secretos, os arquétipos mais arcaicos, os sentimentos poderosos que o movem na vida. Peça à Luz Beatíssima que anime as energias do amor, da amizade, da solidariedade, da compaixão, da confiança. Suplique que ela purifique suas emoções tantas vezes rebeladas, carregadas de inveja, de exclusões e, por vezes, de ódio. Que ela lhe permita uma visão de totalidade para que você não tome a parte pelo Todo nem faça deste algo abstrato no qual tudo é aceito sem discernimento moral e ético.

Quinto passo: Em seguida, dirija a Luz Beatíssima para o lobo frontal, onde está situado o chacra fontal (entre as duas sobrancelhas), chamado também de "terceiro olho". É próprio deste se antecipar aos fatos, intuir o que vai acontecer, perceber a aura das pessoas, a atmosfera sinistra ou benfazeja que elas produzem por sua presença, ou que marca os lugares, certas casas ou ambientes. A parte frontal é quiçá a parte mais importante de sua mente, em que, de certa forma, é feita a síntese de todas as sinapses e conexões cerebrais. É nela que se encontra o especificamente humano, a dimensão espiritual, de ética, de responsabilidade e de cuidado; em geral, de valores que o acompanham por toda a vida.

É aqui que os neurólogos identificaram o assim chamado "ponto Deus" ou a "mente mística"; isto é, aquela dinâmica neuronal que o faz sensível ao mistério do universo e da vida, que lhe confere uma perspectiva de totalidade. Invoque a Luz Beatíssima para que ela ative fortemente o "ponto Deus", para que este funcione como um sol que ilumina seu caminho e confere sentido derradeiro aos seus atos. Está diante de Deus, inspirado pelo Espírito Santo. Sinta a atmosfera divina, a realidade santa de Deus penetrando-o totalmente e gerando-o como seu filho e sua filha. Demore-se nessa dimensão. Entre, amorosamente, em comunhão com a Luz Beatíssima. Deixe-se tomar por ela.

Sexto passo: Mova a Luz Beatíssima para os pulmões, através do chacra da garganta. É nele que se dão as conexões com a rede de vidas, com tudo o que respira e se move. Você é um elo na cadeia da vida. Esta vida vive de trocas, de receber (inspirar) e dar (respirar). A Energia Universal, que tudo enche, e as demais energias do universo entram e saem de você. Peça que tenha uma vida com relações abertas e construtivas. Que tudo o que entrar em você o ajude a crescer, que tudo o que sair de você (um olhar, uma palavra, um conselho, uma advertência, uma crítica...) seja acolhido e sirva de suplemento para a seiva da vida pessoal e social.

Nós nos definimos pela fala, que é uma singularidade humana. Que o universo das falas o humanize e torne os outros melhores e mais apoiados em seus projetos de vida.

Sétimo passo: Faça em seguida com que a Luz Beatíssima chegue ao chacra do coração. Aqui é o lugar das excelências humanas, do amor, da amizade, da acolhida generosa, da compaixão, da lágrima solidária. Peça à Luz Beatíssima que lhe dê um coração capaz de amar incondicionalmente, amar a pessoa amada, coração sensível a toda dor, aberto ao diferente, capaz de perdoar. Que a Luz Beatíssima o tire de toda indiferença, de todo cinismo, de todo fechamento sobre você mesmo. Que seu coração entre em sintonia com o coração de todas as coisas e com o coração de Deus.

Oitavo passo: Traga a Luz Beatíssima para o chacra solar, do umbigo. É por ele que geralmente penetra a Luz Beatíssima, bem como as energias vivificadoras da natureza. Ele o faz sentir-se ligado umbilicalmente a todos os demais seres e ancorado no coração de Deus. Suplique à Luz Beatíssima que o faça sentir-se sempre conectado com o Todo e com a história do mundo; que o libere da autocentração e do fechamento sobre você mesmo. No seu estômago e intestino, no seu baço e fígado é que se elaboram as energias dos alimentos que dão sustentação à sua vida. Agradeça à Luz Beatíssima por seu poder criador e transformador.

Nono passo: Conduza a Luz Beatíssima ao chacra do sacro, onde reside sua potência vital, sua capacidade de relação sexual e de encontro afetivo com sua parceira ou parceiro (no caso de ser mulher). Integre essas energias às demais. Nunca se fixe neste centro vital – chacra –, por mais prazer que lhe possa propiciar. Que você possa perceber sua força cósmica que lhe pede integração, sublimação e contenção.

Décimo passo: Por último, traga a Luz Beatíssima para a região basal, para o seu assento. Aí está a Energia Universal concentrada em forma de fogo serpentino, a *Kundalini*. Você está assentado, portanto, sobre um vulcão de energia que dinamiza toda a vitalidade de seu corpo e de seu espírito. Trate-a com suprema reverência. Saiba despertá-la com extremo cuidado, com a sutileza com que tratamos o fogo, pois a mecha, por mais minúscula que seja, pode incendiar toda uma floresta.

A Energia Universal pode iluminá-lo e enchê-lo do calor que transmite vontade de viver, crescer, desenvolver, galgar, patamar por patamar, os níveis de consciência que trazem sabedoria e iluminação.

Agora que chegou ao ponto inicial do centro de energia – chacra basal – desperte a Energia Universal. Acorde totalmente a *Kundalini* – a serpente de fogo. Faça-a subir como antes desceu.

Refaça o caminho, mas em sentido inverso. Percorra novamente cada centro de energia – chacras –, subindo lentamente e parando em cada chacra para fortalecê-lo: no genital, no solar, no do coração, no da garganta, no fontal, onde se situa o "ponto Deus" e no do alto da cabeça.

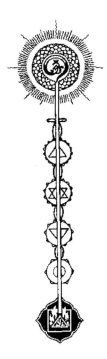

Essa descida e depois essa subida vitalizarão completamente suas energias. O corpo e o espírito se interpenetrarão, fazendo com que o corpo fique espiritualizado e o espírito corporificado. Assim, ganharão sentido de unidade, de totalidade e de vibração vital.

3 Como concluir a meditação dos dez passos

Terminada a meditação no duplo caminho, de descida e de subida, lentamente abra os olhos. Agradeça à Luz Beatíssima, ao Espírito Santo, a sua vinda. Ele uniu o que estava dividido, integrou o que estava disperso, criou a síntese entre o *dia-bólico* e *sim-bólico*. Agora você se sente mais revitalizado.

Conscientemente feche a senda de Deus e permita que a Energia Universal continue envolvendo-o e acompanhando-o ao largo do dia como uma nuvem benfazeja. Retome seus trabalhos cotidianos.

Você pode fazer essa meditação entre 10 e 15 minutos. Também pode dar-lhe mais tempo, consoante o chamado de seu coração.

4 Outras formas rápidas de meditação no cotidiano

Acabamos de apresentar a meditação com o praticante sentado repousadamente. Mas também podemos praticar esta mesma meditação, em outra posição e circunstâncias, de forma mais rápida.

Em meio ao corre-corre cotidiano ou às preocupações inevitáveis da vida, podemos sentir a necessidade de luz para os problemas ou de paz interior.

Nessas ocasiões podemos, rapidamente, invocar a Energia Universal – o Espírito Criador – e abrir a senda de Deus para que a Luz Beatíssima penetre em nós com mais densidade e chegue até à *Kundalini* – a energia altamente condensada – para despertá-la e convidá-la a fazer o seu percurso pelos centros vitais, os chacras.

4.1 Ao dirigir-se ao trabalho

A pessoa pode estar caminhando a pé, viajando num ônibus, em seu próprio carro ou num trem. Basta elevar o pensamento rapidamente à Energia Universal e mentalmente invocar a Luz Beatíssima. Assim, ela está sendo energizada e inundada pelo sopro divino.

4.2 Ao parar no semáforo

Um grande número de pessoas, especialmente nos centros urbanos, utilizam o carro para se deslocarem, enfrentando engarrafamentos e tendo que parar continuamente em semáforos. Esta é uma ótima oportunidade para se fazer uma rápida meditação, sem precisar percorrer os dez passos. Basta abrir-se à Energia Universal e, em pensamento, abrir-se à senda de Deus para ganhar centralidade e sentir-se acompanhado e protegido contra eventuais acidentes.

4.3 Na fábrica, no escritório, na cozinha...

Sempre há, em nosso cotidiano, pequenos períodos de descanso, seja na fábrica manipulando instrumentos; no escritório, desenvolvendo trabalhos; na cozinha, preparando alimentos... Eis a oportunidade para, rapidamente, invocar a Luz Beatíssima, abrir-se à Energia Universal e à senda de Deus e, assim, receber doses de bom-senso, de alegria no que se está fazendo, de tranquilidade e de iluminação.

4.4 Trazer a "Luz Beatíssima" aos micro-organismos, aos olhos, às mãos e aos pés

Abra a senda de Deus, sinta o fluir da Energia Universal e traga-a, primeiramente, para todo o seu corpo. Ele é habitado por bilhões e bilhões de vírus, bactérias e outros micro-organismos que garantem o equilíbrio de sua vida. Alguns vírus são

terríveis, como o da varíola – finalmente controlada por medica-
mentos –, o do ebola, do sars e da aids e outros mais comuns,
como o da gripe. Todos eles têm sua função; mas, ocorrendo
distúrbios, poderão ser maléficos. Invoquemos a Luz Beatíssima
para que eles atuem em favor de nossa vida e de nossa imuni-
dade. Leve a luz até olhos, que ganharão distensão, descanso
e maior claridade. Leve a Energia Universal – a Luz Beatíssima –
para as mãos; abra-as, entrelace os dedos, esfregue levemente
as palmas das mãos, uma contra a outra; elas se tornarão mais
hábeis e flexíveis. Faça a Luz Beatíssima descer até os pés. Eles
nos carregam durante o dia inteiro; cansam-se, tropeçam contra
objetos; podem nos fazer cair. A Energia Universal os fortalece
e nos ajuda a andar por bons caminhos. Impede-nos acidentes
com quedas inesperadas.

4.5 *Fazer fluir a Energia Universal para as partes doentes*

Sempre temos algum problema no corpo, alguma doença ou algum impedimento. Por vezes somos acometidos por
doenças graves, algumas que nos podem encurtar a vida. Eis a
grande ocasião para invocar a Energia Universal e o Espírito Criador e Curador. Deixar que ela flua diretamente para os órgãos
adoentados, o joelho inchado, o fêmur que dói, a dor de cabeça
persistente, o fígado que não funciona bem.

Outras pessoas são assoladas por problemas psicológicos e psiquiátricos, por ideias fixas, por preconceitos, por emoções de difícil controle ou irritações inerentes à complexidade da vida. Invoque a Luz Beatíssima para o interior de sua mente. Que ela seja iluminada; que endireite o que está torto; que desanuvie o que está obscurecido; que acalme o que está perturbado.

Detenha-se mais na mente, concentrando o pensamento e aumentando a súplica para que a *Lux Beatissima* reforce as energias de esperança, de vontade de viver ou também de acolhida serena dos desígnios de Deus, em cujas mãos está nossa vida.

Concluir estes pequenos exercícios com um generoso agradecimento pela vinda mais intensa do Espírito criador, protetor e libertador. Agindo assim teremos uma vida inundada de energias espirituais, cuja natureza é inesgotável e infinita; ao contrário das energias materiais, sempre esgotáveis e finitas.

ORAÇÃO FINAL

Ó Luz Beatíssima, que perpassas todo o universo, cada ser e a minha mais profunda intimidade, agradeço-te por ter me visitado e revitalizado todas as minhas energias. Mantenha viva minha mente espiritual e sempre ativo meu ponto Deus. Tu que és o Espírito Criador e reúnes todas as coisas, faze-me entrar em comunhão com o universo e com todos os seres, especialmente com aqueles que sofrem. Conduze-me ao seio divino, para descansar e louvar, louvar e agradecer, agradecer e viver em comunhão sem fim. Amém.

VII
EFEITOS SAUDÁVEIS DA MEDITAÇÃO DA "LUZ BEATÍSSIMA"

Vivemos num mundo de dualidades, entre o eu e o outro, o ser humano e a natureza, o feminino e o masculino, a razão e o sentimento, Deus e o espírito. Esta é a condição humana! Não se trata de um defeito, mas de uma característica de nosso ser criado. Ela já se revela nos dois hemisférios do cérebro separados e ao mesmo tempo em comunicação através do corpo caloso.

1 Experiência de superação dos dualismos

No entanto, o que mais buscamos é uma experiência de integração e de não dualidade; uma forma de sermos inteiros.

O mergulho na Energia Universal e a vinda da Luz Beatíssima nos penetrando, a partir de cima e depois a partir de baixo, produzem em nós um nível de consciência de pertença e de unidade com o Todo e de comunhão com a Fonte Originária de Todo o Ser.

O primeiro resultado da Meditação da Luz pelos dez passos é um profundo sentimento de integralidade de nosso ser.

Não estamos condenados a viver em compartimentos, mas dentro de uma totalidade da qual somos parte e parcela. Cada um de nossos centros vitais – chacras – é ativado. Somos complexos, mas formamos uma ordem harmoniosa como se "diferentes notas musicais em nossa vida" formassem uma esplêndida sinfonia.

O efeito dessa integração é o sentimento de distensão e relaxamento. É como se a "corda de nossa existência", sempre estirada na luta pela vida, pelo ganha-pão diuturno e pela manutenção daquilo que, a duras penas, conquistamos, de repente se distendesse e relaxasse.

Então nos sentimos leves e felizes. Uma discreta alegria irradia nosso rosto e todo o nosso ser, não como consequência de algo induzido por algum agente químico nem vindo do exterior; mas algo realmente espiritual. Ela parte/brota de nosso interior, fruto da harmonização de todos os centros vitais – os chacras – especialmente pelo fortalecimento do chacra do alto da cabeça. O "ponto Deus" no cérebro é especialmente alimentado, propiciando-nos a percepção da Presença Misteriosa à nossa volta e dentro de nós.

O fluir da Energia Universal e a irradiação da Luz Beatíssima conferem um sentimento de proteção, de estar aconchegado no seio de Deus, Pai e Mãe de infinita bondade. Tal sentimento reforça a autoconfiança, que nos permite enfrentar as dificuldades inerentes a quem toma a vida a sério e com responsabilidade.

A alegria interior produz simultaneamente a liberdade interior, livrando-nos dos medos e dos temores. Tira-nos da autocompaixão e fortalece a paciência conosco mesmos, na certeza existencial de que sempre podemos melhorar e crescer.

Diante de padecimentos e sofrimentos corporais e espirituais, a Energia Universal, que nos circunda totalmente, penetra pela senda de Deus e ascende em nós pelo chacra basal. Funciona como vitamina, que nos fortalece; como medicina, que nos pode curar ou nos aliviar das dores.

Ao invocar a Energia Universal e suplicar *veni, Sancte Spiritus* (vem, Espírito Santo), desce, ó Luz Beatíssima, percebemos emocionalmente – não pela fria razão – que estamos em comunhão com estas supremas energias, expressão da única e Divina Energia. O chacra do coração fica extremamente fortalecido, permitindo-nos sentir que, como crianças, estamos na palma da mão de Deus.

Eis a fonte secreta da qual jorra amorosidade, cuidado, fraternidade, ternura, calor humano, entusiasmo, entrega, compaixão, amor incondicional e profunda veneração. Deus está nascendo dentro de nós como está nascendo dentro do cosmos, empurrando-o para cima e para frente, rumo a formas cada vez mais cheias de propósito e de beleza, até implodir nele: Deus-comunhão e Fonte Originária de Todo o Ser.

2 Gratuitamente e a cada um segundo a sua medida

Cada ser humano, homem ou mulher, tem naturalmente acesso à Energia Universal e à Luz Beatíssima. Elas são soberanas e gratuitamente oferecidas a cada um. Mesmo que alguém se recuse e se feche, a Energia Universal e a Luz Beatíssima não deixam de fluir. Não há possibilidade humana de se fechar totalmente, como não está entregue, a nosso bel-prazer, ter ou não ter fome, ver ou não ver, escutar ou não escutar, quando mantemos os olhos e os ouvidos abertos. Assim, a Energia Universal (*Kundalini*) está assentada, mesmo dormindo, mas como uma brasa viva e crepitante em nossa base corporal (assento ou cóccix). Ela está sempre pronta para subir pela coluna vertebral e animar nossos pontos vitais. Ardendo por trás e dentro do cosmos, de cada ser e em cada um de nós, a Luz Beatíssima ilumina cada pessoa que vem a este mundo.

Mas a cada um segundo a sua medida e a sua necessidade. Ninguém pode forçar ou exigir que ela venha, pois simplesmente faz parte de nossa vida. O que cada um pode é se preparar, suplicar humildemente e abrir-se mais e mais, até entrar em profunda e radical comunhão com ela.

Pelo fato de o ser humano ser complexo e passar por diferentes situações na vida, ora precisa mais ora menos da Energia Universal. Especialmente em momentos críticos, quando se dá um acúmulo de problemas que o impedem ver claro e tomar decisão acertada. Nestes momentos é que a pessoa deve invocar a Energia Universal, abrindo-se à Luz Beatíssima. Tal entrega serena ajuda a ver claro, a hierarquizar as questões e sentir o peso de cada situação.

Não raro, no meio da meditação dos dez passos, irrompe uma luz libertadora, uma ideia sugestiva e o aceno de um novo caminho. É o efeito da ação da Luz Beatíssima!

Pode ocorrer que, depois de períodos mais longos de meditação, a pessoa comece a sentir um certo calor interior. Às vezes pode ser um frio leve. Ambos, calor e frio, são formas de presença da Energia Universal, do Espírito Santo. Cessam ao terminar a meditação e ao fechar lento da senda de Deus. A *Kundalini* se retrai, e depois de ter animado com seu fogo líquido todos os chacras, volta à tranquilidade de seu lugar, na base de nosso ser.

3 A culminação derradeira: a volta à Fonte Originária

Este exercício traz ainda como efeito a superação do medo da morte. Quanto mais estamos agarrados aos interesses materiais e menos preocupados com nosso crescimento interior, mais a morte aparece como a grande ladra da vida; tira-nos lentamente a energia vital, envelhece-nos e irrefreadamente nos conduz para um caminho sem retorno.

A Meditação da Luz Beatíssima nos acostuma a conviver e a comungar com a Energia Universal e a Fonte Originária de Todo o Ser. A união com a Energia Universal é tão intensa que nem a morte pode destruí-la. Ela prepara a pessoa para a grande passagem e para a transformação alquímica de virar também luz e mergulhar na Energia Universal. Estaremos no útero divino: finalmente, em casa.

Por último, o efeito final da meditação pelos dez passos é uma crescente espiritualização pessoal. A consciência se alarga ao infinito; todo o corpo fica vivificado pelos chacras, visitados pela *Kundalini*, que irradia serenidade e paz.

Cria-se ao redor da pessoa espiritualizada uma atmosfera de benquerença e de amor. Deus encontrou morada em cada um que se abriu a Ele, que veio sob a forma da Energia Universal. E onde está Deus, está a fonte da vida, do sentido, da alegria de existir e da vontade irrefreável de encontrá-lo face a face, descansando para sempre em seu seio materno e paterno. É a caminhada humana chegando à sua culminância, ao regressar à Fonte Originária de Todo o Ser.

Enfim, descansaremos depois de um longo e penoso caminhar, ascendendo etapa por etapa, o longo caminho da evolução rumo ao Reino da Trindade: do Pai, do Filho e do Espírito Santo. **Finalmente estaremos na Luz Infinita e seremos, também, luz.**

LIVROS DE LEONARDO BOFF

1 – *O Evangelho do Cristo Cósmico*. Petrópolis: Vozes, 1971. • Reeditado pela Record (Rio de Janeiro), 2008.

2 – *Jesus Cristo libertador*. Petrópolis: Vozes, 1972.

3 – *Die Kirche als Sakrament im Horizont der Welterfahrung*. Paderborn: Verlag Bonifacius-Druckerei, 1972 [Esgotado].

4 – *A nossa ressurreição na morte*. Petrópolis: Vozes, 1972.

5 – *Vida para além da morte*. Petrópolis: Vozes, 1973.

6 – *O destino do homem e do mundo*. Petrópolis: Vozes, 1973.

7 – *Experimentar Deus*. Petrópolis: Vozes, 2012 [Publicado em 1974 pela Vozes com o título *Atualidade da experiência de Deus*].

8 – *Os sacramentos da vida e a vida dos sacramentos*. Petrópolis: Vozes, 1975.

9 – *A vida religiosa e a Igreja no processo de libertação*. 2. ed. Petrópolis: Vozes/CNBB, 1975 [Esgotado].

10 – *Graça e experiência humana*. Petrópolis: Vozes, 1976.

11 – *Teologia do cativeiro e da libertação*. Lisboa: Multinova, 1976. • Reeditado pela Vozes, 1998.

12 – *Natal*: a humanidade e a jovialidade de nosso Deus. Petrópolis: Vozes, 1976.

13 – *Eclesiogênese* – As comunidades reinventam a Igreja. Petrópolis: Vozes, 1977. • Reeditado pela Record (Rio de Janeiro), 2008.

14 – *Paixão de Cristo, paixão do mundo*. Petrópolis: Vozes, 1977.

15 – *A fé na periferia do mundo*. Petrópolis: Vozes, 1978 [Esgotado].

16 – *Via-sacra da justiça*. Petrópolis: Vozes, 1978 [Esgotado].

17 – *O rosto materno de Deus*. Petrópolis: Vozes, 1979.

18 – *O Pai-nosso* – A oração da libertação integral. Petrópolis: Vozes, 1979.

19 – *Da libertação* – O teológico das libertações sócio-históricas. Petrópolis: Vozes, 1979 [Esgotado].

20 – *O caminhar da Igreja com os oprimidos*. Rio de Janeiro: Codecri, 1980. • Reeditado pela Vozes (Petrópolis), 1988.

21 – A *Ave-Maria* – O feminino e o Espírito Santo. Petrópolis: Vozes, 1980.

22 – *Libertar para a comunhão e participação*. Rio de Janeiro: CRB, 1980 [Esgotado].

23 – *Igreja*: carisma e poder. Petrópolis: Vozes, 1981. • Reedição ampliada: Ática (Rio de Janeiro), 1994; Record (Rio de Janeiro) 2005.

24 – *Crise, oportunidade de crescimento*. Petrópolis: Vozes, 2011 [Publicado em 1981 pela Vozes com o título *Vida segundo o Espírito*].

25 – *São Francisco de Assis* – ternura e vigor. Petrópolis: Vozes, 1981.

26 – *Via-sacra para quem quer viver*. Petrópolis: Vozes, 1991 [Publicado em 1982 pela Vozes com o título *Via-sacra da ressurreição*].

27 – *O livro da Divina Consolação*. Petrópolis: Vozes, 2006 [Publicado em 1983 com o título de *Mestre Eckhart*: a mística do ser e do não ter].

28 – *Ética e ecoespiritualidade*. Petrópolis: Vozes, 2011 [Publicado em 1984 pela Vozes com o título *Do lugar do pobre*].

29 – *Teologia à escuta do povo*. Petrópolis: Vozes, 1984 [Esgotado].

30 – *A cruz nossa de cada dia*. Petrópolis: Vozes, 2012 [Publicado em 1984 pela Vozes com o título *Como pregar a cruz hoje numa sociedade de crucificados*].

31 – (com Clodovis Boff) *Teologia da Libertação no debate atual*. Petrópolis: Vozes, 1985 [Esgotado].

32 – *A Trindade e a sociedade*. Petrópolis: Vozes, 2014 [publicado em 1986 com o título *A Trindade, a sociedade e a libertação*].

33 – *E a Igreja se fez povo*. Petrópolis: Vozes, 1986 (esgotado). • Reeditado em 2011 com o título *Ética e ecoespiritualidade*, em conjunto com *Do lugar do pobre*.

34 – (com Clodovis Boff) *Como fazer Teologia da Libertação?* Petrópolis: Vozes, 1986.

35 – *Die befreiende Botschaft*. Friburgo: Herder, 1987.

36 – *A Santíssima Trindade é a melhor comunidade*. Petrópolis: Vozes, 1988.

37 – (com Nelson Porto) *Francisco de Assis* – homem do paraíso. Petrópolis: Vozes, 1989. • Reedição modificada em 1999.

38 – *Nova evangelização*: a perspectiva dos pobres. Petrópolis: Vozes, 1990 [Esgotado].

39 – *La misión del teólogo em la Iglesia*. Estella: Verbo Divino, 1991.

40 – *Seleção de textos espirituais*. Petrópolis: Vozes, 1991 [Esgotado].

41 – *Seleção de textos militantes*. Petrópolis: Vozes, 1991 [Esgotado].

42 – *Con La libertad del Evangelio*. Madri: Nueva Utopia, 1991.

43 – *América Latina*: da conquista à nova evangelização. São Paulo: Ática, 1992 [Esgotado].

44 – *Ecologia, mundialização e espiritualidade*. São Paulo: Ática, 1993. • Reeditado pela Record (Rio de Janeiro), 2008.

45 – (com Frei Betto) *Mística e espiritualidade*. Rio de Janeiro: Rocco, 1994. • Reedição revista e ampliada pela Vozes (Petrópolis), 2010.

46 – *Nova era*: a emergência da consciência planetária. São Paulo: Ática, 1994. • Reeditado pela Sextante (Rio de Janeiro) em 2003 com o título de *Civilização planetária*: desafios à sociedade e ao cristianismo [Esgotado].

47 – *Je m'explique*. Paris: Desclée de Brouwer, 1994.

48 – (com A. Neguyen Van Si) *Sorella Madre Terra*. Roma: Ed. Lavoro, 1994.

49 – *Ecologia* – Grito da terra, grito dos pobres. São Paulo: Ática, 1995. • Reeditado pela Record (Rio de Janeiro) em 2015.

50 – *Princípio Terra* – A volta à Terra como pátria comum. São Paulo: Ática, 1995 [Esgotado].

51 – (org.) *Igreja*: entre norte e sul. São Paulo: Ática, 1995 [Esgotado].

52 – (com José Ramos Regidor e Clodovis Boff) *A Teologia da Libertação*: balanços e perspectivas. São Paulo: Ática, 1996 [Esgotado].

53 – *Brasa sob cinzas*. Rio de Janeiro: Record, 1996.

54 – *A águia e a galinha*: uma metáfora da condição humana. Petrópolis: Vozes, 1997.

55 – *A águia e a galinha*: uma metáfora da condição humana. Edição comemorativa – 20 anos. Petrópolis: Vozes, 2017.

56 – (com Jean-Yves Leloup, Pierre Weil, Roberto Crema) *Espírito na saúde*. Petrópolis: Vozes, 1997.

57 – (com Jean-Yves Leloup, Roberto Crema) *Os terapeutas do deserto* – De Fílon de Alexandria e Francisco de Assis a Graf Dürckheim. Petrópolis: Vozes, 1997.

58 – *O despertar da águia*: o dia-bólico e o sim-bólico na construção da realidade. Petrópolis: Vozes, 1998.

59 – *O despertar da águia*: o dia-bólico e o sim-bólico na construção da realidade. Edição especial. Petrópolis: Vozes, 2017.

60 – *Das Prinzip Mitgefühl* – Texte für eine bessere Zukunft. Friburgo: Herder, 1999.

61 – *Saber cuidar* – Ética do humano, compaixão pela terra. Petrópolis: Vozes, 1999.

62 – *Ética da vida.* Brasília: Letraviva, 1999. • Reeditado pela Record (Rio de Janeiro), 2009.

63 – *Coríntios* – Introdução. Rio de Janeiro: Objetiva, 1999 (Esgotado).

64 – *A oração de São Francisco*: uma mensagem de paz para o mundo atual. Rio de Janeiro: Sextante, 1999. • Reeditado pela Vozes (Petrópolis), 2014.

65 – *Depois de 500 anos*: que Brasil queremos? Petrópolis: Vozes, 2000 [Esgotado].

66 – *Voz do arco-íris.* Brasília: Letraviva, 2000. • Reeditado pela Sextante (Rio de Janeiro), 2004 [Esgotado].

67 – (com Marcos Arruda) Globalização: desafios socioeconômicos, éticos e educativos. Petrópolis: Vozes, 2000.

68 – *Tempo de transcendência* – O ser humano como um projeto infinito. Rio de Janeiro: Sextante, 2000. • Reeditado pela Vozes (Petrópolis), 2009.

69 – (com Werner Müller) *Princípio de compaixão e cuidado*. Petrópolis: Vozes, 2000.

70 – *Ethos mundial* – Um consenso mínimo entre os humanos. Brasília: Letraviva, 2000. • Reeditado pela Record (Rio de Janeiro) em 2009.

71 – *Espiritualidade* – Um caminho de transformação. Rio de Janeiro: Sextante, 2001. • Reeditado pela Mar de Ideias (Rio de Janeiro) em 2016.

72 – *O casamento entre o céu e a terra* – Contos dos povos indígenas do Brasil. São Paulo: Salamandra, 2001. • Reeditado pela Mar de Ideias (Rio de Janeiro) em 2014.

73 – *Fundamentalismo*. Rio de Janeiro: Sextante, 2002. • Reedição ampliada e modificada pela Vozes (Petrópolis) em 2009 com o título *Fundamentalismo, terrorismo, religião e paz*.

74 – (com Rose Marie Muraro) *Feminino e masculino*: uma nova consciência para o encontro das diferenças. Rio de Janeiro: Sextante, 2002. • Reeditado pela Record (Rio de Janeiro), 2010.

75 – *Do iceberg à arca de Noé*: o nascimento de uma ética planetária. Rio de Janeiro: Garamond, 2002. • Reeditado pela Mar de Ideias (Rio de Janeiro), 2010.

76 – *Crise*: oportunidade de crescimento. Campinas: Verus, 2002. • Reeditado pela Vozes (Petrópolis) em 2011.

77 – (com Marco Antônio Miranda) *Terra América*: imagens. Rio de Janeiro: Sextante, 2003 [Esgotado].

78 – *Ética e moral*: a busca dos fundamentos. Petrópolis: Vozes, 2003.

79 – *O Senhor é meu Pastor*: consolo divino para o desamparo humano. Rio de Janeiro: Sextante, 2004. • Reeditado pela Vozes (Petrópolis), 2013.

80 – *Responder florindo*. Rio de Janeiro: Garamond, 2004 [Esgotado].

81 – *Novas formas da Igreja*: o futuro de um povo a caminho. Campinas: Verus, 2004 [Esgotado].

82 – *São José*: a personificação do Pai. Campinas: Verus, 2005. • Reeditado pela Vozes (Petrópolis), 2012.

83 – *Un Papa difficile da amare*: scritti e interviste. Roma: Datanews Ed., 2005.

84 – *Virtudes para um outro mundo possível* – Vol. I: Hospitalidade: direito e dever de todos. Petrópolis: Vozes, 2005.

85 – *Virtudes para um outro mundo possível* – Vol. II: Convivência, respeito e tolerância. Petrópolis: Vozes, 2006.

86 – *Virtudes para um outro mundo possível* – Vol. III: Comer e beber juntos e viver em paz. Petrópolis: Vozes, 2006.

87 – *A força da ternura* – Pensamentos para um mundo igualitário, solidário, pleno e amoroso. Rio de Janeiro: Sextante, 2006. • Reeditado pela Mar de Ideias (Rio de Janeiro) em 2012.

88 – *Ovo da esperança*: o sentido da Festa da Páscoa. Rio de Janeiro: Mar de Ideias, 2007.

89 – (com Lúcia Ribeiro) *Masculino, feminino*: experiências vividas. Rio de Janeiro: Record, 2007.

90 – *Sol da esperança* – Natal: histórias, poesias e símbolos. Rio de Janeiro: Mar de Ideias, 2007.

91 – *Homem*: satã ou anjo bom. Rio de Janeiro: Record, 2008.

92 – (com José Roberto Scolforo) *Mundo eucalipto.* Rio de Janeiro: Mar de Ideias, 2008.

93 – *Opção Terra.* Rio de Janeiro: Record, 2009.

94 – *Meditação da luz.* Petrópolis: Vozes, 2010.

95 – *Cuidar da Terra, proteger a vida.* Rio de Janeiro: Record, 2010.

96 – *Cristianismo*: o mínimo do mínimo. Petrópolis: Vozes, 2011.

97 – *El planeta Tierra*: crisis, falsas soluciones, alternativas. Madri: Nueva Utopia, 2011.

98 – (com Marie Hathaway) *O Tao da Libertação* – Explorando a ecologia da transformação. 2. ed. Petrópolis: Vozes, 2012.

99 – *Sustentabilidade*: O que é – O que não é. Petrópolis: Vozes, 2012.

100 – *Jesus Cristo Libertador*: ensaio de cristologia crítica para o nosso tempo. Petrópolis: Vozes, 2012 [Selo Vozes de Bolso].

101 – *O cuidado necessário*: na vida, na saúde, na educação, na ecologia, na ética e na espiritualidade. Petrópolis: Vozes, 2012.

102 – *As quatro ecologias: ambiental, política e social, mental e integral.* Rio de Janeiro: Mar de Ideias, 2012.

103 – *Francisco de Assis* – Francisco de Roma: a irrupção da primavera? Rio de Janeiro: Mar de Ideias, 2013.

104 – *O Espírito Santo* – Fogo interior, doador de vida e Pai dos pobres. Petrópolis: Vozes, 2013.

105 – (com Jürgen Moltmann) *Há esperança para a criação ameaçada?* Petrópolis: Vozes, 2014.

106 – *A grande transformação*: na economia, na política, na ecologia e na educação. Petrópolis: Vozes, 2014.

107 – *Direitos do coração* – Como reverdecer o deserto. São Paulo: Paulus, 2015.

108 – *Ecologia, ciência, espiritualidade* – A transição do velho para o novo. Rio de Janeiro: Mar de Ideias, 2015.

109 – *A Terra na palma da mão* – Uma nova visão do planeta e da humanidade. Petrópolis: Vozes, 2016.

110 – (com Luigi Zoja) *Memórias inquietas e persistentes de L. Boff.* São Paulo: Ideias & Letras, 2016.

111 – (com Frei Betto e Mario Sergio Cortella) *Felicidade foi-se embora?* Petrópolis: Vozes Nobilis, 2016.

112 – *Ética e espiritualidade* – Como cuidar da Casa Comum. Petrópolis: Vozes, 2017.

113 – *De onde vem?* – Uma nova visão do universo, da Terra, da vida, do ser humano, do espírito e de Deus. Rio de Janeiro: Mar de Ideias, 2017.

114 – *A casa, a espiritualidade, o amor.* São Paulo: Paulinas, 2017.

115 – (com Anselm Grün) *O divino em nós.* Petrópolis: Vozes Nobilis, 2017.

116 – *O livro dos elogios*: o significado do insignificante. São Paulo: Paulus, 2017.

117 – *Brasil* – Concluir a refundação ou prolongar a dependência? Petrópolis: Vozes, 2018.

118 – *Reflexões de um velho teólogo e pensador.* Petrópolis: Vozes, 2018.

119 – *A saudade de Deus* – A força dos pequenos. Petrópolis: Vozes, 2020.

120 – *Covid-19 – A Mãe Terra contra-ataca a Humanidade*: Advertências da pandemia. Petrópolis: Vozes, 2020.

121 – *O doloroso parto da Mãe Terra* – Uma sociedade de fraternidade sem fronteiras e de amizade social. Petrópolis: Vozes, 2021.

122 – *Habitar a Terra – Qual caminho para a fraternidade universal?* Petrópolis: Vozes, 2021.

CULTURAL

Administração
Antropologia
Biografias
Comunicação
Dinâmicas e Jogos
Ecologia e Meio Ambiente
Educação e Pedagogia
Filosofia
História
Letras e Literatura
Obras de referência
Política
Psicologia
Saúde e Nutrição
Serviço Social e Trabalho
Sociologia

CATEQUÉTICO PASTORAL

Catequese
Geral
Crisma
Primeira Eucaristia

Pastoral
Geral
Sacramental
Familiar
Social
Ensino Religioso Escolar

TEOLÓGICO ESPIRITUAL

Biografias
Devocionários
Espiritualidade e Mística
Espiritualidade Mariana
Franciscanismo
Autoconhecimento
Liturgia
Obras de referência
Sagrada Escritura e Livros Apócrifos

Teologia
Bíblica
Histórica
Prática
Sistemática

REVISTAS

Concilium
Estudos Bíblicos
Grande Sinal
REB (Revista Eclesiástica Brasileira)

VOZES NOBILIS

Uma linha editorial especial, com importantes autores, alto valor agregado e qualidade superior.

VOZES DE BOLSO

Obras clássicas de Ciências Humanas em formato de bolso.

PRODUTOS SAZONAIS

Folhinha do Sagrado Coração de Jesus
Calendário de mesa do Sagrado Coração de Jesus
Almanaque Santo Antônio
Agendinha
Diário Vozes
Meditações para o dia a dia
Encontro diário com Deus
Guia Litúrgico

CADASTRE-SE
www.vozes.com.br

EDITORA VOZES LTDA.
Rua Frei Luís, 100 – Centro – Cep 25689-900 – Petrópolis, RJ
Tel.: (24) 2233-9000 – Fax: (24) 2231-4676 – E-mail: vendas@vozes.com.br

UNIDADES NO BRASIL: Belo Horizonte, MG – Brasília, DF – Campinas, SP – Cuiabá, MT
Curitiba, PR – Fortaleza, CE – Juiz de Fora, MG – Petrópolis, RJ – Recife, PE – São Paulo, SP